创新实践社会发展动力论

刘士文　著

知识产权出版社
全国百佳图书出版单位

图书在版编目（CIP）数据

创新实践社会发展动力论 / 刘士文著 . — 北京：知识产权出版社，2019.8

ISBN 978-7-5130-6334-0

Ⅰ . ①创… Ⅱ . ①刘… Ⅲ . ①创造能力－作用－社会发展－研究

Ⅳ . ① K02

中国版本图书馆 CIP 数据核字（2019）第 124835 号

责任编辑：赵　军　　　　　　　责任校对：潘凤越

封面设计：邓媛媛　　　　　　　责任印制：刘译文

创新实践社会发展动力论

刘士文　著

出版发行：知识产权出版社有限责任公司	网　　址：http://www.ipph.cn
社　　址：北京市海淀区气象路 50 号院	邮　　编：100081
责编电话：010-82000860 转 8127	责编邮箱：zhaojun99668@126.com
发行电话：010-82000860 转 8101/8102	发行传真：010-82000893/82005070
印　　刷：北京嘉恒彩色印刷有限责任公司	经　　销：网上书店、新华书店及相关专业书店
开　　本：700mm×1000mm　1/16	印　　张：12
版　　次：2019 年 8 月第 1 版	印　　次：2019 年 8 月第 1 次印刷
字　　数：156 千字	定　　价：68.00 元

ISBN 978-7-5130-6334-0

目　录

导　论

　　创新是人类社会发展的本质特征，没有创新实践就没有发展。一切推动社会发展的因素在本质上都是推动了社会的创新从而推动了社会的发展。因为发展本身就是新事物的产生和旧事物的灭亡，也就是创新。循环往复、永恒不变的社会是不可能存在的。辩证法认为，联系和发展是世界的总特征，所以创新也是世界的特征。不仅人类社会和人类的思维如此，自然界也是如此：自然界也在日新月异。马克思曾说："对实践的唯物主义者即共产主义者来说，全部问题都在于使现存世界革命化，实际地反对并改变现存的事物。"❶这种能够使现存世界革命化的实践，只能是创新实践。常规实践是重复过去的实践，并不能从根本上改变世界，而只有创新实践通过破旧立新，才能实现对现存世界的革命性改造。但是，人类社会早期创新的步伐是缓慢而艰难的。历史发展到今天，创新已成为人类实践的主导形式。尤为重要的是，在世界范围内人们已经不再是一般地谈论生产实践，而是强调技术创新；不再是一般地谈论处理社会关系的实践，而是强调制度创新；不再是一般地谈论科学

---

❶　马克思恩格斯选集 [M]. 第 1 卷. 北京：人民出版社，1995：75.

实践，而是强调知识创新。技术创新、制度创新和知识创新，已经成为人类生产实践、处理社会关系的实践和科学实践的重要形式，成为推动经济发展和社会进步的强大动力。❶

一、本书的选题意义

哲学是时代精神的精华，在创新已成为人类实践主导形式的今天，哲学必须加强对创新实践的研究，才能跟上时代的发展，提升理论的解释力和实现对实践的指导作用。人们对创新展开系统的理论研究的历史并不长，1912 年美籍奥地利经济学家熊彼特 (Joseph A. Schumpter) 在其出版的《经济发展理论》一书中提出创新的概念标志着这个研究的起点。哲学上对创新展开系统研究更在熊彼特提出创新的概念之后。本书认为，庞元正教授于 2006 年 9 月 8 日在《人民日报》发表"创新实践—— 马克思主义哲学研究的重大课题"，呼吁把创新实践作为马克思主义哲学的当代重大课题进行研究，是中国哲学对创新实践展开系统研究的重要标志（当然，在此之前已有学者开展了对创新实践的研究，但还没有形成体系）。在刚刚开始的这个研究中，一系列的理论问题需要解决，其中对创新实践是社会发展的本质动力这个问题的说明尚不全面、系统和深入，而它对创新实践的理论研究和现实推动都具有基础性意义。所以，本书试图从理论上阐释创新实践对社会发展的动力作用。

本书还具有直接的现实意义。1995 年，全国科技大会上提出了"创新是一个民族进步的灵魂，是国家兴旺发达的不竭动力"的著名论断。1996 年我国政府颁布《技术创新工程》，1999 年 8 月中共中央、国务院发布《关于加强技术创新，发展高科技，实现产

---

❶ 庞元正. 创新实践——马克思主义哲学研究的重大课题[N]. 人民日报，2006 –09 –08（15 ）.

业化的决定》。2001 年，我国开始国家创新体系建设试点。2005
年，胡锦涛同志和温家宝同志分别在不同场合提出加强自主创新建
立创新型国家的战略决策。2005 年制定的我国《"十一五"规划》
明确提出要建设国家科技创新体系。2007 年党的十七大，2012 年
党的十八大，2017 年党的十九大都指出：提高自主创新能力，建
设创新型国家是国家发展战略的核心，是提高综合国力的关键。要
坚持走中国特色自主创新道路，把增强自主创新能力贯彻到现代化
建设各个方面。当前，由时代发展而日益凸显出来的创新问题，已
经成为关系到我们国家强盛、民族振兴，关系到我国在国际竞争中
的地位和前途的大问题！在世界经济日益全球化的今天，不仅中国
的政治家们高度重视本国的创新能力建设，世界其他各国也都非常
重视自己国家的创新能力建设。由是观之，研究创新实践，推动创
新实践，不仅是哲学理论课题，同时也是具有重要社会意义、政治
意义和经济意义的重大现实课题。

二、研究方法

（1）理论与实践相结合的方法。从对社会实践的总结分析中得
出规律性的认识，再把这种认识与社会实践相比较，就可能得到真
理性的认识。因此，理论与实践相结合是本书的基础研究方法。案
例分析法则是贯彻理论与实践相结合的基本方法而常用的具体做
法。案例分析不仅仅限于个别案例的解剖，也包括对大量案例的统
计性分析，从而使得到的结论具有普遍性，成为哲学结论，而不仅
仅是具体的单项结论。

（2）历史、逻辑和未来相统一的方法。从历史考察中经过逻辑
分析得出的结论还需要随着实践的不断发展而进一步接受检验和发
展。真理不能仅是对历史的描述，它的正确性还应体现在对未来的
预见和把握上，这样才能表现出真理的普遍性品质。本书将从历史
的角度、现实的角度对创新实践的社会动力作用进行逻辑分析，并

将分析得到的结论应用对未来进行预测性分析。这些预测性分析在未来是否应验，不仅是对本书研究结论正确与否的检验，也是实现本选题研究的实践价值的必然要求。在理论的指导下进行实践将会使我们的创新实践更符合人类的价值原则和效率原则，取得更好更快的成果。当然，今天做出的结论在未来可能被证伪，人类未来的实践将会进一步修正它、发展它。但无论如何，今天的研究对未来必须是有意义的，本书将贯彻历史、逻辑和未来相统一的研究方法。

（3）文献研究法。今天只是在昨天的基础上前进，我们只是在他人的工作后继续前行。借鉴已有的研究成果，对这些已有的成果进行思考、分析、验证、发展，将有助于本研究的深入。人类的认识具有积累性、渐进性和继承性，我们不可能开创一项完全没有知识前提的研究。本书在文献研究中秉承批判原则与建构原则的统一，去伪存真、去粗取精并加于发展，在已有认识的基础上力图把创新实践的研究向前推进一点。

三、创新之处

（1）本书对创新实践的社会发展动力作用进行了较系统和较深入的阐述。人们已经阐释了社会基本矛盾社会动力论、人类需求社会动力论、社会系统动力论等社会动力理论，但社会发展的本质在于创新，单纯的循环往复是不能说发展的。因此，创新是社会发展的本质，创新实践是社会发展的实质动力。已有不少人论述了创新实践对社会发展的动力作用，本书在总结前人的基础上试图对创新实践社会发展动力理论进行更系统和更深入的阐述。

（2）本书对创新实践的社会动力作用的研究取得了一些结论，

并根据这些结论对加速创新实践的社会动力作用提出了相关建议，期望对创新实践有所助益。理论是要为实践服务的，没有任何实践效用的理论是空论。即便是基础理论也会间接地服务于实践。马克思的名言"哲学家们只是用不同的方式解释世界，而问题在于改变世界！"是非常正确的，哲学理论的研究也要服务于实践。本书将应用研究得到的结论对加速创新实践的社会动力作用提出建议，期望对我国创新体系建设、竞争实体及个人创新功效的有效发挥有一丝助益，从而实现理论对实践的指导和促进作用，实现本书研究的现实价值。对于如何构建创新体系，如何建设创新型国家、创新型企业之类的研究成果相对来讲已经不少，而对加速创新实践对社会的推动作用的研究尚很薄弱，对此问题较全面、深入的研究使本书在前人的基础上继续向前行了一点。

（3）本书其他的创新之处。本书在一些具体问题上也实现了创新。例如对创新实践概念的甄别进行了更进一步的分析、比较和论证；在研究方法上遵循历史与逻辑相结合的方法，并把历史、逻辑和未来相统一，把对历史和今天的实证研究与对未来的预测与指导相统一；继承中国传统哲学的知行观，进一步提出了知、行、得相统一的观点等。希望这些细小的创新在理论和实践上对相关研究工作的进一步开展贡献出绵薄之力。

四、本书的逻辑结构

在本书的第一章，首先界定了创新实践、社会发展基本的概念。概念界定是理论展开的起点，本书坚持在此定义域内展开相关研究与论述。在此基础上，本书整理了已有的各种关于社会发展动力的观点，并从对各种社会发展动力观的梳理中得出社会发展的本质动力是创新实践的结论。因为无论何种动力，推动社会发展的本质只能是使社会实现了创新。

在本书的第二、三、四章，具体论述了创新实践的三种基本形式：技术创新实践、制度创新实践和知识创新实践对社会发展的推动。马克思主义哲学把社会实践划分为三个基本形式：生产实践、处理社会关系的实践和科学实践，与此相对应，创新实践也有三种基本形式：技术创新实践、制度创新实践和知识创新实践，它们直接推动了相应社会领域的发展，并间接推动了其他相关社会领域的发展。

在本书的第五章，指出在三种基本实践形式之外，还有教育实践、艺术实践等非基本实践形式，相应就有教育创新实践、艺术创新实践等非基本创新实践直接推动了它们的发展。各种创新实践对社会的推动作用是多向度的，除了对相应的社会实践有直接推动作用之外，对社会生活的其他多个方面也有推动作用。多种创新实践对社会发展的动力作用也不是各自单独起作用的，而是协同起作用的，因为社会是个系统，而不是互不相干的各个单独的因素。

在本书的第六章，从促进社会创新、检验创新的有效性、加速创新的应用三个方面，从个体、集体、社会三个主体层面论述了如何提高创新实践的社会动力作用，为创新实践社会发展动力论的相关分析和论证作了总结，为全书的研究作了最后的引申和深化。

第一章 概念厘定和既有理论梳理

任何一种理论都是在概念的基础上开始深化、丰富和发展的。因此，有必要首先厘定本书所使用的核心概念。虽然这些概念已经广泛使用，但不同语义下的同一概念也有不同的内涵和外延，确定本书所使用的核心概念的含义是展开本书的前提。另外，任何一种研究都是在前人研究成果基础上的继续推进，因此梳理清楚已有的社会动力理论是展开创新实践社会动力论研究的必要理论准备。

第一节 概念的厘定

本书没有创造新的概念，因此不需要对概念进行全新定义。但是，即使是已有的概念，不同的人在不同的场合也会按照不同的意义和旨趣来使用同一个概念，如果不加厘定而随意使用，势必形成混乱。因此，确定本书核心概念的基本语义和含义域是十分必要的。

一、创新的概念

正如有关研究者指出，现在社会各界有很多错用乱用创新概念的现象，❶这可能是因为对创新进行研究的历史不长，而创新又是现代社会极广泛的现象，创新一词被极广泛使用的缘故。要确定创新实践的概念首先应该弄清楚创新概念发展的历史脉络和递进路径。

关于创新的研究，我们不得不提到美籍奥地利经济学家约瑟夫·阿洛伊斯·熊彼特的名字。在他创立以"创新"为核心的经济发展理论之后的相当一段时间内，其描述资本主义经济发展规律性和解释世界经济不均衡增长的理论，并没有引起西方经济学界的重视。20 世纪 50 年代，西方经济发展相当快，快得已不能用传统的资本、劳动力因素来解释经济的快速增长。随着新技术革命的蓬勃兴起，人们越来越认识到技术进步对经济发展的显著作用。熊彼特的创新理论重又受到广泛重视，并得到进一步的发展。熊彼特在 1912 年出版的《经济发展理论》一书中首次将创新作为学术上的概念提出来。熊彼特以"创新理论"为核心，研究了资本主义经济发展的实质、动力与机制，探讨了经济增长和经济发展的模式和周期波动，预测了经济发展的长期趋势，提出了独特的经济发展理论体系。他认为，"创新是指新技术、新发明在生产中的首次应用，是指建立一种新的生产函数或供应函数，是在生产体系中引进一种生产要素和生产条件的新组合"。❷熊彼特还认为，创新包括五个方面的内容：引入新产品或提供产品的新质量；采用新的生产方法(主要是工艺)；开辟新市场；获得新的供给来源(原料或半成品)；实行新的组织形式。❸现在，"创新"推广到了各个领域，出现了诸

❶ 庄寿强. 创新、创造及其与高等教育相关概念之探析 [J]. 煤炭高等教育，2004，3.

❷【美】熊彼特. 经济发展理论 [M]. 北京：商务印书馆，1997：290.

❸【美】熊彼特. 经济发展理论 [M]. 北京：商务印书馆，1997：73.

如管理创新、体制创新、教育创新、知识创新、产品创新、方式创新、文化创新、科技创新、行为创新等，似乎已经包罗万象。而迄今为止人们对创新概念的定义也都各不一样。在熊彼特之外，西蒙·库兹涅茨将创新定义为：为达到一个有用的目的而采用的一种新方法；纳尔逊和温特把创新定义为：现在的决策规则的变化；❶德鲁克认为：创新的行动就是赋予资源以创造财富的新能力。❷

中文"创新"一词出现较早，不过词意与现代不同，主要是指制度方面的改革、变革、革新和改造，并不包括科学技术的创新。根据何星亮的考据，最早见于《魏书》："革弊创新者，先皇之志也。"（《魏书》卷六十二）比《魏书》稍晚的《周书》二次出现"创新"一词，《南史》出现一次。"自魏孝武西迁，雅乐废缺，征（斛斯征）博采遗逸，稽诸典故，创新改旧，方始备焉。"（《周书》卷二六）《太平御览》卷228引《后周书》："斛斯征迁太常卿。自魏孝武西迁，雅乐废缺，征博采遗逸，稽诸典故，创新改旧，方始备焉。""大象初，征（斛斯征）拜大司徒。诏（于）翼巡长城，立亭鄣。西自雁门，东至碣石，创新改旧，咸得其要害云。"（《周书》卷三十）"今贵妃盖天秩之崇班，理应创新。"（《南史》卷十一）❸这些地方使用创新一词，都是指改变原来的制度、成文或规则。

近代康有为1898年6月26日上奏《请励工艺奖创新折》使用了创新一词："劝励工艺，奖募创新"，❹此处的创新已含有技术创新的含义。他还在1902年著的《大同书》第十一章《奖智》中多处使用创新，如："创新理者为圣哲，创新术者为惠巧，创新益者

❶ 【荷】范·杜因. 经济长波与创新 [M]. 上海：上海译文出版社，1993：104.

❷ 【美】彼德·德鲁克. 创新与企业家精神 [M]. 北京：企业管理出版社，1989：30.

❸ 何星亮. 创新的概念和形式 [J]. 学习时报，2004-03-25

❹ 中国史学会. 戊戌变法 [M].（2）. 上海：上海人民出版社，2000：227.

为明智。"康有为对创新的使用已经和现代创新的含义非常接近，也包括了知识创新（"创新理"）、技术创新（"创新术"）等含义。

创新词汇在中国高频使用是在熊彼特之后。20世纪80年代伴随着改革的大潮和西方创新理念的引入，国内学者开始广泛研究创新。

目前，国内学者对创新的定义和使用也是各不相同。有的把创新定义为：一种推陈出新，追求创意的鲜明意识；一种勇于思索，积极探求的心理取向；一种善于把握机会的机敏和灵性；一种积极改变自己及改变环境的应变能力。❶有的则把创新定义为：主体为了生存和发展，在处理和客体的关系中弃旧图新，破旧立新的独创性活动。❷同满宏则认为：创新是指人类对于其进步和发展具有普遍意义的精神和物质创造活动及其成果的总称。创新是人类在认识领域和实践领域的突破性进展和革命性变革，它必然引起人类在理论体系和知识构成的飞跃性进步及其在改造探索现实世界活动中的物质手段、采取方式和行动方案等的创造性革命。❸关于创新定义的不同方式还有很多，但我们仅从上述这几种定义方式和内容表述之间已可以大致看到，当前国内学者对创新概念的理解并不相同。

本书是在主体认识或改造客体取得新成果及取得新成果过程的意境之内定义和运用"创新"这个概念的。本书对创新的定义强调如下特征：

（1）创新具有价值性。一项创新如果仅仅只是新而不具备实际的或理论意义上的功用，是不应称之为创新的。熊彼特最初对创新的定义也体现了创新的价值性，他认为企业的创新要以促进和实现经济效益的增长为最终目的。虽然，在当前创新概念进一步广泛使用的形势下，创新概念早已超出了企业创新的范畴，不再专指企

---

❶ 中央教育科学研究所. 创新教育 [M]. 北京：教育科学出版社，1999：177.

❷ 中央教育科学研究所. 创新教育 [M]. 北京：教育科学出版社，1999：153.

❸ 同满宏. 论创新的本质特征及其社会功能 [J]. 东岳论丛，2000，7.

业创新了。但无论何种创新，如果没有功用甚至比不"创新"更糟糕，那只能说创新失败。比如，我们常说的制度创新，肯定是指新创出的制度相对于原有的制度更好、更能满足和实现管理的目标和需要。否则，不能称作制度创新。但是，目前学术界关于创新的价值性问题并没有形成共识。不少学者并不承认或不完全承认创新的价值性。例如，颜晓峰认为创新"具有三重价值意义：第一，创新是人类成就的不断创造，是人类需要的不断满足，是人类价值的不断实现，是人的能力的不断提高，是人类社会的不断提高。第二，创新是一种风险巨大的人类活动。风险巨大是指它本身也有可能是负值的创新。第三，无意义创新。"❶他虽然认为创新有价值意义，但他认为负值的创新和无意义的创新都是创新。

（2）创新不仅仅是名词，表示取得的成果；它有时还在作为动词的意境下使用，表示取得新成果的过程。创新的翻译都使用innovation 名词形式，最初熊彼特使用的创新概念确实是名词意义，现在我们使用创新概念也很多时候用其名词意义，如"取得了创新"指得到了创新的成果。但是，现在很多时候也使用创新的动词意义，如"对产品进行创新""开展创新活动"等。对概念的定义必须要满足大多数情况的使用，因此，现在要否定创新的动词性使用的正确性显然是不合时宜的，所以本定义也指出了取得新成果的过程也是创新的过程，并认为创新的翻译还可以使用 innovate（动词）。但必须指出，即使用作动词指过程时，也内含了这个过程必取得了（或必将取得）有益的新成果，否则不能称作创新。没有取得有益的新成果的过程只能是失败的尝试，虽然对未来的成功或有功效。当然，我们也可以说，如果取得的结果在未来的实践中获得成功，也可以把先前的过程合并起来说是一整个创新的过程。

---

❶　颜晓峰. 创新的实践检验与评价 [J]. 甘肃理论学刊，2000，4.

至于有人把试图取得创新的过程，即使最终没有取得创新成果，也称作创新（动词），实则把创新概念在过于宽泛的意境中泛用了，尽管他们给出了三个理由：①不能保证所有创新的努力都能成功；②失败也说明了此路不通，也得到了新认识，也是一种成功；③今天的成功在更长远的未来可能是失败的，例如工业文明现在被人们认识到有自身无法克服的弊端，必须走生态文明的道路。本书显然不赞同放弃对创新的价值意义的要求和坚持，因为这是创新的要义所在：尽管绝对真理是没有的，但是概念需要遵守一定的规则来使用，而不是概念要涵盖一切真理。创新不论是作为名词还是作为动词，不论是作为结果还是作为过程都必须表现出其最核心的意义，也就是说创新必须在原有基础上实现了新的进步和发展，没有创新成果何谓创新？

（3）本定义还适应了创新概念扩大使用后的外延。不仅指经济上的创新，还指社会上的创新、文化上的创新、政治上的创新等（熊彼特提出创新概念时，仅指经济意义上的创新，现在的创新概念已经大大地扩大使用了，不仅仅指经济领域了）。凡是主体认识客体、改造客体的新成果或过程都可称作创新。而且，创新的主体可以是个人，也可以是群体，还可以是类主体。某些创新可能是全人类第一次拥有的绝对的类主体层次上的创新；有些创新对一个人、一些人是创新，对另外的人可能已不是创新，那么创新这个词对这个人、这些人依然是可以使用的。

创新概念还有其他规定性，如必须具有首创性等，由于已为大家公认，本书也认可，因此不再赘述。

由于这个概念引入的时间还不长，但扩大使用的速度很快，还没有形成稳定因而确定统一的标准，创新概念的使用还处于变化时期，本处的定义会遭受一些学者的异议，这是正常的也是受到本人欢迎的，因为它至少提出了本项研究继续发展和完善的必要性。本处的定义不是要给创新确定一个普遍遵守的定义，而是当此创新概念泛化之秋，当此不同理解百花争艳之时，本书一以贯之的按照本处的定义来使用创新的概念，以确保本书实现既定的研究目标，确保读者能按照本处的定义能同义的解读本书。

二、实践的概念

目前，理论界对马克思主义哲学的实践概念已有明确的定义：实践是主体能动地认识世界和改造世界的社会性的客观物质活动，是主观见之于客观的过程。即使有不同的文字表述或者有些许不同的观点，但学界主流对实践概念的定义是明确的。本书使用实践的概念依然以上述含义的指归为基础。

但是，随着时代的进步，现在出现了一些新的成果对传统的实践观形成了挑战。例如，现代行为学证明，思想"实践"也能取得现实实践等效成果。行为科学曾有这样一个实验：把一群学生随机分成三组，每组篮球投篮水平相当。由教练对三个组的人员讲解投篮要诀，但之后一组不进行训练，二组只在头脑中用思想进行"训练"，三组在篮球场上实践训练。结果是一组的投篮成绩没有显著提高，二组和三组的投篮成绩都有显著提高，且两个组的水平接近。说明思想训练具有和实践训练相近的实际功效。心理学上的瓦伦达效应也说明了这点。❶ 又如，数字化的虚拟实践是在电脑上完成的，电脑代替人脑不仅执行了"思维"功能，还执行了行为功能，实现了"电脑主体"与客体的实践。当然，这些新现象还远不

---

❶　瓦伦达效应：优秀的高尔夫球手瓦伦达有一次在比赛时要把球打过一条小河，这对他来说是轻而易举的事情。但这次他头脑中突然闪现把球打进河里的图像，他已是一再在头脑中默念不要把球打进河中。由于反复在头脑中想象把球打进河中的情景，在正式比赛时正如他想象的那样把球打进了河中，出现了他人不可理解的错误。心理学家把这种心理效应称作瓦伦达效应。

足以颠覆马克思主义哲学对实践的传统定义。此处提及科学发展的新成果对传统的实践观形成的挑战是要说明，对实践概念的理解不能过于机械和教条（实际上，实践的概念从亚里士多德到马克思，一直处于不断的变化和发展之中，经历了一个漫长的前后继起，逻辑递进，内涵嬗变的发展过程）。由此，本书认为，单纯的思维活动也可以导致认识上的创新，如爱因斯坦进行"追光思想实验"和"升降机思想实验"，代替实验室的实验，最后分别取得了狭义相对论和广义相对论的成果。按照实践概念，这些思维活动即使取得了创新成果，但在主体通过客观行动体现创新成果之前，是不能称作创新实践的。本书也遵守实践概念这样严格使用的规范，把单纯的思维活动称作创新实践的一个环节或部分，而不是一个完整的实践过程。但是要指出，即使单纯的思想活动，也可以使主体自身在思想或内心体验上得到收获。例如，一个人遇到一件很不开心的事而很痛苦，经过内心的思考和心理调节，他转变了对事物的认识，觉得坏事其实是好事，变得开心起来。这个过程都是心理的，他思想上认为痛苦和他思想上认为高兴，由于没有对外发生社会性的客观物质活动，不能称作实践，但它具有实在的客观效果。现代医学早已证实人的情绪变化会带来身体物质的变化，例如高兴时口腔酶和血液中的兴奋因子会升高。

如果我们在这些认识基础再来理解创新认识，那么创新实践对个人思想、情感、意志、心理力量的促动就能更全面了。不仅经过完整的从精神到行动的实践过程能有这种促动作用，即便是单纯的精神活动对精神的提升也是有作用的。

三、创新实践的概念

厘定了创新的概念和实践的概念，似乎创新实践的概念就容易确定了，但事实并非如此。因为创新实践并非创新与实践的简单相加，对创新实践的研究刚刚开始起步，不同的学者从不同的角度提出和使用创新实践的概念，都使得对该概念的厘定变得更为困难。

同满宏根据创新活动的形式把创新活动分为创新认识和创新实践。他认为：创新认识是根据一定目的，运用已知信息，创立和产生出具有新颖、独特和具有社会或个人价值的思维活动及其成果。创新实践有两种含义，一是在人类实践活动中尚未展开，或已有实践活动遇到了新的条件尚须重新确立的实践活动；二是在某种创新理论指导下的实践活动，这种实践活动是实践目标的实现，是创新理论的实践性展开。❶ 根据他的定义，创新实践是指需要进行创新的实践或在创新理论指导下的实践。

庞元正教授从实践是否具有创新性的角度，将实践区分为常规实践和创新实践两种基本形式。他指出：所谓常规实践，是指那些运用事物已被发现了的规律、属性和关系，按照先前的规则重复进行的实践。而创新实践，则是指那些通过对事物规律、属性、关系的新发现或新运用，能够比先前的实践更有效地认识世界和改造世界的实践。常规实践在实践的目的、手段、方式、对象等方面与先前的实践具有同质性，其实践的成果与先前的实践相比并不具有质上的差异。创新实践则在实践的目的、手段、方式、对象等方面不同于先前的实践，并且能够创造出新的实践成果。❷

有的学者并未给创新实践明确的定义，在使用中也并不严格。

---

❶ 同满宏. 论创新的本质特征及其社会功能 [J]. 东岳论丛，2000，7.

❷ 庞元正. 创新实践：马克思主义哲学研究的重大课题 [N]. 人民日报，2006—09—08（15）.

比如有的人使用"创造性实践""创新性实践""创新的实践"来表达创新实践的意义。

本书认为，创新实践是实践的高级形式，因此沿用实践定义的方式，确定创新实践的定义为：创新实践是主体对客体的认识或改造取得新成果的实践。可以看出，本定义和庞元正教授的定义在意义上并无实质不同，只是在形式上更体现出创新实践是实践的一种高级形式，也直接体现出了创新实践具有主体和客体的相对性。创新实践的主体可以是个人（这个人或那个人），可以是群体（这个群体或那个群体），可以是类主体。这个主体的创新实践对另外一个主体来说可能已不是创新，但依然可以称作这个主体的创新实践。

创新实践必须具备以下两方面的特征：

（1）它必须是实践。单纯的思维活动，即使取得了新认识，如果没有外化为客观性物质活动，就不能称作创新实践，而只能称作创新实践的一个部分或一个环节。

（2）它必须是取得了创新的实践。试图取得创新的实践过程，若还没有取得创新的成果，也不能称作创新实践，充其量也只能归为创新实践的尝试之类。人们日常所说的"人类进行着创新实践"之类的句子中肯定包含着一些不成功的"创新实践"，但这些"创新实践"中一定包含有成功的创新，否则就不能称之为创新实践。当然，创新是否成立会在不同的时代不同的地域有不同的检定标准和结论，所以我们并没有否认创新实践具有相对性。

只要具备了上述两个特征，对于不同方式、不同内容、不同形式取得了创新成果的实践都可以冠以创新之名，称之为创新实践。

四、社会发展的概念

社会发展与社会进步的概念也是需要加以区分的。赵家祥主编的《马克思主义哲学原理》教科书中定义"社会进步是指人类社会由低级向高级合乎规律发展的前进运动，既包括物质文明的进步和发展，也包括精神文明的进步和发展。""社会发展通常是指社会经济的发展，特别是生产力的发展，也就是说，偏重于社会物质文明的进步"。[1]

还有人更深入地指出："从历史本体论的视野来看，社会进步是人类为了达到自身的更加完善而经历的存在状态和活动过程，是人类实践活动在时空上的前进上升状态，是在人与自然相互作用的基础上自然、人类和社会在性质、结构与功能方面不断的进化与完善。用历史辩证法的思维方法看，社会进步是人类社会由必然王国到自由王国的上升状态和过程，是人类实践活动在遵循社会历史规律的前提条件下改造世界并实现由过去经现在到未来的自由王国，是人类为解决时代所提出的历史任务而实现的社会真善美的统一。从历史认识论的视角来看，社会进步是人类在实践活动过程中对事实与理想价值、应然与实然这两对矛盾运动的认识，是人类从最基本的生存与发展的根本利益出发而对社会生活现状及变化的实然状态所持的肯定性价值认同感，是人类依据主体需要和一定的评价尺度而对社会发展的各种状态和趋势进行比较与鉴别所得出的理性判断。……社会进步的核心内容是主体发展。"[2]

很显然，这些界定都把社会发展置于社会进步之下，认为社会由低级向高级的前进只能用社会进步来描述，社会发展只代表社会

---

❶　赵家祥. 马克思主义哲学原理 [M]. 经济科学出版社，1999：235.

❷　陈华杰. 创新实践与社会进步的关系初探 [J]. 桂海论丛，2007，3.

某个方面的进步。

但是，不论从当前的社会历史发展来看，还是从理论自身的发展来看，社会发展的概念远远不只是指社会某个方面的前进了，而是指社会全面的发展。"发展"这个概念的意义是处于发展之中的。据庞元正教授考证，作为现代概念的"发展"最初确实主要是指经济意义上的发展。1956 年英国经济学家刘易斯的《经济增长理论》成为发展经济学的开山之作。刘易斯将发展等同于经济增长，认为发展即"总人口人均产出的增长"。这种观点在当时颇具代表性，那时发展经济学家们认为：发展问题，尤其是发展中国家的发展问题就是经济增长问题。后来人们认识到发展不能是单纯经济的发展，这样最终会破坏发展。以是，发展的概念转而指全面的发展。如美国发展经济学家托达罗指出："发展不纯粹是一个经济现象。从最终意义上说，发展不仅仅包括人民生活的物质和经济方面，还包括其他更广泛的方面。因此，应该把发展看为包括整个经济和社会体制的重组和重整在内的多维过程。"[1]美国政治学家亨廷顿在其《难以抉择——发展中国家的政治参与》一书中，把"发展"定义为"表示与从相对贫穷的乡村农业状态向富裕的都市工业状态转变的社会运动相联系的社会、经济、心智、政治和文化变迁的总过程"。我们所说的科学发展观所谋求的发展，是以经济建设为中心、经济建设、政治建设、文化建设和社会建设相统一的发展，是社会主义物质文明、政治文明、精神文明和生态文明共同进步的发展；是经济效益、社会效益和生态效益相统一的可持续发展，同时也是人的全面发展。[2]"发展"的含义已不单指经济的发展了。本书所指的社会发展指社会各个方面从低级到高级的进步，而不是单指物质文明的进步。

---

❶【美】托达罗.《经济发展与第三世界》[M]. 北京：中国经济出版社，1992，50.

❷ 庞元正. 什么是发展观所说的"发展"？ [J]. 中国党政干部论坛，2006，4.

第二节　既有理论梳理

社会学家和哲学家们早就开始了"社会发展的动力是什么"的探索，提出了形式各异、内涵各异、目的各异的多种社会发展动力观点。比如，有人提出，现实的人的需要（利益）是社会发展的终极动因；恶是社会发展的反向驱动力；自主劳动是社会主义社会发展的基础动力等。为了正确说明社会发展的动力，深入研究创新实践对社会发展的动力作用，必须对林林总总的社会发展动力观点加以剖析。

一、马克思主义的社会发展动力观点

马克思主义哲学认为，多种因素形成了社会发展的动力系统。有人把经典马克思主义哲学理论的社会发展动力观概括为：社会基本矛盾是根本动力；阶级斗争（革命）是直接动力；对外开放（交往）是外驱动力；人民群众是主体动力；科学技术（管理、分工）是主导动力；社会多因素合力是系统动力。

（一）社会基本矛盾是社会发展的根本动力

生产力和生产关系，经济基础和上层建筑是社会的两对基本矛盾。生产力决定生产关系，经济基础决定上层建筑。生产力是人类社会历史发展中最具革命性的变革力量，处于不停的前进状态中，必然导致生产关系的变革和经济基础（一个社会占主导地位的生产关系）的变革，从而导致上层建筑的变革，推动社会的进步。

马克思主义哲学还认为，在生产力决定生产关系、经济基础决定上层建筑的前提下，生产关系对生产力、上层建筑对经济基础还具有反作用，表现为：当生产关系适应生产力的发展、上层建筑适应经济基础时就起促进作用，否则就起阻碍作用。生产力与生产关系、经济基础与上层建筑处在永远的矛盾运动中，从而推动社会向前发展。

（二）阶级斗争（革命）是社会发展的直接动力

在阶级社会中，阶级斗争是社会历史发展的直接动力。在阶级社会里，统治阶级利用庞大的上层建筑巩固它的经济基础，从而影响到生产力发展。根据生产力决定生产关系、经济基础决定上层建筑的规律，当腐朽的统治阶级所固守的上层建筑影响到生产力的发展的时候，社会要前进就必须推翻已经僵化的上层建筑，为生产力进一步发展开辟道路。但统治阶级是不会自动让位的，这就需要阶级斗争，需要革命来推翻腐朽阶级的统治，更新上层建筑，为生产力的发展开辟道路。所以，在阶级社会里，社会基本矛盾运动的解决最终只有通过阶级斗争（统治阶级的改良是不可能根本解决社会基本矛盾的），革命是阶级斗争的最高形式。

社会革命对社会发展的动力作用还表现在人民群众在革命时期能发挥出创造历史的巨大的主动性和积极性。革命是被剥削者和被压迫者的盛大节日，人民群众在任何时候都不能像在革命时期那样以新社会秩序的积极创造者的身份出现。革命阶级在革命斗争中受到锻炼和改造，成为建设新社会的基础。革命不仅要破坏一个旧世界，而且更要建设一个新世界。革命阶级只有在革命实践中，才能争取建设新社会的机会，获得建设新社会的前提，学会建设新社会的本领。因此，阶级斗争和革命是阶级社会发展的直接动力。

（三）改革是社会主义社会发展的直接动力

在以往的阶级社会里，由于统治阶级的本性，其改良不会触及上层建筑的深层问题，不能根本解决社会基本矛盾，只能对上层建筑和生产关系做一些修补，在一定程度上推动生产力的发展。在社会主义社会里，无产阶级处于领导地位，能自觉地向更高社会形态前进，因而能自觉地调整生产力和生产关系、经济基础和上层建筑的关系，即通过改革解决社会主义社会的社会基本矛盾，推动社会发展。所以，在社会主义社会里，改革是社会发展的直接动力。社会改革对社会发展的作用，主要表现在以下几个方面：

第一，社会改革可以巩固新生的社会制度或使原有的社会制度持续存在并获得一定程度的发展。一种新社会制度建立的初期，总是存在着大量旧社会制度的残余。这时的社会改革，在改善新社会社会体制的过程中，还包含着消灭旧制度残余的任务。

第二，在社会主义社会以前，社会改革为新社会制度的诞生作量变和部分质变的准备。在一定社会制度的后期，向新社会制度过渡的趋势越来越明显，同时新社会制度开始萌芽。这时的社会改革，虽然以维护旧社会制度为主旨，但又往往包含着承认甚至促进新社会制度萌芽成分的内容。

第三，在社会经济、政治体制改革的过程中，必然伴随着人们思想观念和价值取向的变更。新的思想观念和价值取向，既是对改革及其发展要求的反映，又为改革开拓道路，推动改革向纵深发展。社会改革具有在一定程度上破除旧思想、旧观念、旧风俗、旧习惯，促进树立新思想、新观念、新风格、新习惯，提高精神文明水平的作用。

（四）开放（交往）是社会发展的外驱动力

交往是人类特有的生存方式和活动方式，在社会发展中起着重要作用。生产力的发展必然推动交往的扩大，反过来交往使得生产力得以在更大的范围和更高的层次实现传播和发展。交往还推动了社会关系的改革和改善。在交往的过程中，人与人之间的各种社会关系得以产生、变革、发展。交往还是科学文化继承和发展的重要途径。本土范围内科学文化的继承和发展需要代际交往，不同地域之间科学文化的继承和发展需要地区之间的交往。交往还有利于社会个体的发展。只有通过社会交往，个人才能够得到物质和精神资源而发展自己。社会个体的发展推动着社会的发展。

从经济社会发展的角度上来讲，对外开放是促进交往的条件，从而推动社会发展。闭关锁国就会导致对外交往的停滞，导致信息和资源交流的停滞，导致社会有机体新陈代谢的停滞，从而导致落后于他国。开放引发的进步与闭锁导致的失败正反两方面的经验教训都已为世界历史所反复、雄辩地证明。

（五）人民群众是社会发展的主体动力

人民群众推动历史发展的作用主要表现在三个方面：

第一，人民群众是物质财富的创造者。人民群众之所以能成为人类历史的创造者，从根本上说来，在于他们是社会发展的最终决定力量——社会生产力的体现者，是推动历史前进的最伟大的物质力量。人类和人类社会要生存和发展，就要有吃、喝、住、穿等必需的生活资料，这一切都是劳动群众创造的。同时，劳动群众在物质生产活动中不断积累经验，改进生产工具和生产技术，推动了生产力的发展、生产方式的改变以及整个社会历史的进步。

第二，人民群众是精神财富的创造者。首先，劳动群众的物质生产活动，创造了科学家、思想家、艺术家们从事精神活动的物质前提，没有劳动群众的物质生产活动提供的物质生活资料和其他物质设施，便没有社会的精神活动。其次，劳动群众的实践活动，是一切精神财富创造的源泉。科学文化知识本身是劳动群众实践经验的概括和总结，文艺作品则以具体的、典型的形象表现人民的实际生活。最后，人民群众直接参加了精神财富的创造活动。世界上许多杰出科学家、思想家和艺术家，直接出身于劳动者阶级。他们依靠自己的勤奋努力，刻苦学习成才，创造了许多璀璨的精神财富。

第三，人民群众是实现社会变革的决定力量。唐太宗讲"以史为鉴，可以知兴替"。马克思主义政党一致坚持把"人民群众满意不满意，支持不支持，答应不答应"作为判断各项工作是非得失的重要标准。自古以来，人心向背关系王朝的世代更替，关系政党的生死存亡，关系国家的兴衰荣辱。人民群众不仅以平时的辛勤劳动创造了物质财富和精神财富，而且以革命时期的历史主动性推动了社会形态由低级到高级的飞跃。

（六）科学技术（管理、分工）是社会发展的主导动力

邓小平同志用"科学技术是第一生产力"对科学技术对社会发展的动力作用和科学技术具有的巨大社会功能做了科学概括：第一，科学技术是一种强大的精神力量，人们依靠科学技术，可以起到改变人们的精神面貌、解放思想、追求真理的作用。第二，科学技术具有变革生活方式的功能，科学技术的进步影响渗透到人类社会生活的各个环节，迟早推动和实现人类生活方式的新变革。第三，科学技术具有社会管理的功能，科学技术通过改进和提高管理技术和管理手段必然会推动社会管理水平的提高。第四，科学技术具有改变社会关系的功能，科学技术直接和间接地影响了人类社会生产方式和生活方式的变革，必然会导致人的社会关系的变革。科学技术越发展，人们的交往实践越发展，人们的生产关系越丰富。第五，科学技术具有推动物质生产力发展的功能。科学渗透于现代生产力系统的各类要素之中。现代生产力系统包括独立的实体性因素、运筹性的综合因素、准备性因素、渗透性因素四类要素。现代生产力区别于古代生产力和近代生产力的基本特征之一就是现代生

产力系统的各类要素之中，无一不渗透着科学因素。历史和逻辑都不可辩驳地证明科学技术已经并必将继续地推动生产力的变革和发展。

科技进步是推动生产力发展的重大杠杆。科技进步改进了生产工具，生产对象，生产环境，提高了劳动者素质，促进了社会的分工，改善了生产管理。科技进步还推动了生产关系和上层建筑的变革。由于新知识的涌现，人们改进了对社会和社会关系的认识，将有助于人们主动采用或被动接受生产关系和上层建筑的变革。

（七）社会多因素合力是社会发展的系统动力

系统论认为，社会是个复杂的系统，社会发展的动力来自这个复杂系统多个因素的推动力的合力。合力论包括两个内容：社会发展动力不仅来自生产力（经济因素的核心）和经济基础的决定作用，与此同时，人们进行的思想文化的、政治法律的以及伦理道德诸方面的精神性的活动也对社会发展起着推动作用，这些动力相互作用、相互影响，在动态中构成一个合力系统，共同推动历史前进。

合力论还指社会发展不是由单个人的力量所决定的，而是由社会众多人的力量的合力决定的。每个人的动力作用可能不一样，动力的大小、方向都不一样，但历史前进的方向不是由某个人来决定，而是最终由社会合力来决定。

（八）现实的人的需要（利益）是社会发展终极动因

在《德意志意识形态》中，马克思和恩格斯指出："我们首先应当确定一切人类生存的第一个前提，也就是一切历史的第一个前提，这个前提就是：人们为了能够'创造历史'，必须能够生活。但是为了生活，首先就需要吃喝住穿以及其他一些东西。因此第一个历史活动就是生产满足这些需要的资料，即生产物质生活本身。"[1]现实的人的需要是社会存在和发展的前提条件。人生存和发展首先要解决衣食住行以及科研、生产、娱乐等需要，就必须进行有组织的生产劳动，人类历史就是在生产实践中发展。生产力，生产关系，科学技术，上层建筑都在生产实践的基础上发展。社会历史就是这样从现实的人的需要出发逐步展现开来。所以，现实的人的需要是社会演进的出发点，它构成了社会历史存在和发展的前提条件。

（九）实践是社会发展的现实动力

马克思恩格斯在唯物主义发展史上第一次对人类社会实践活动特别是社会物质实践活动给予了充分的注意，揭示了它在人类社会生活和历史发展中的地位和作用，得出了全部社会生活在本质上是实践的这一结论。马克思认为，是人们的实践活动不断地使周围的世界发生变化，自在的自然不断在转化为人化的自然。就是在实践活动中，人从自然界中分化出来，在性质上发生根本变化，人成为社会中的人。同样地人们之间的社会关系也是实践的产物。实践构成了社会生活的基本领域，实践推动了社会的发展。没有实践就没有社会的发展。

（十）自主劳动是社会主义社会发展的基础动力

中共中央党校徐伟新教授在她当年的博士论文中提出，社会主义社会起始、依存于自主劳动，自主劳动关系是社会主义社会有机体的"细胞"，以萌芽的形式包含着社会主义社会有机体的一切矛盾，规定并浓缩着社会主义社会的系统质，自主劳动是社会主义社会生产力发展的源泉，创造着社会主义向共产主义过渡的物质基

❶ 马克思恩格斯全集 [M]. 第 3 卷. 北京：人民出版社，1960：31-32.

础；自主劳动决定社会主义社会发展的历史趋势，劳动的自主化过程体现着社会主义社会进步的实质。因此自主劳动是社会主义社会发展的动力。❶

（十一）生态动力论

生态动力论是近年出现的观点。该理论指出：生态因素在现今深刻影响着社会发展，人及其社会对生态具有一定程度的依赖性，人类的活动与生态相反馈与制约。生态因素对整个社会发展的动力作用越来越突出，生态环境的保护和生态资源的科学利用是决定社会发展能否持续稳定的重要条件。❷

（十二）恶也是社会发展的动力

赵家祥在其《历史过程论和历史动力论》一书中提出，近代以来西方历史哲学对恶在历史上的作用有不少深刻见解，马克思、恩格斯批判吸收近代西方历史哲学的合理思想，对恶在历史上的作用做了科学的说明：恶（私利，贪欲，权欲，殖民统治等）也可以推动社会发展。❸我们可以这样来理解，恶从两个方面促进了社会的发展。一是恶者要战胜善者实现其恶，必然要用出更厉害的手段，但在客观上却使社会在某个或某些方面发展了。例如清朝末年西方列强侵入我国，使用洋枪洋炮洋船，客观上刺激了中国的觉醒。二是善要战胜恶，必须找到更先进的力量，这时，恶就是社会发展的鞭子。中国古语就有"魔高一尺，道高一丈"的表述。从生物学的角度讲，病毒会侵害健康的肌体，但用低剂量的病毒制作的疫苗刺

---

❶ 徐伟新. 社会主义社会发展动力论 [D]. 中共中央党校博士论文，1988：2.

❷ 隋秀英. 近五年来关于社会发展动力问题研究综述 [J]. 石油大学学报（社会科学版），2005，10.

❸ 赵家祥. 历史过程论和历史动力论 [M]. 长春：吉林人民出版社，2006，245.

激肌体更强壮，产生了抵抗病毒的能力。我们常说宝剑锋从磨砺出，梅花香自苦寒来，就是因为金就砺则利，梅傲寒更香。没有逆境的磨炼，温室的花朵就弱不禁风，摇落不堪。若由是观之，恶就是对社会发展的磨炼。

应该指出的是，主张恶是社会发展动力并非马克思主义哲学独有的观点，西方哲学也有此观点。本书把该观点列在马克思主义项下，是因为马克思主义对此观点的阐述是最科学的。

（十三）创新是社会发展的动力

关于创新是一个民族不断发展和进步的灵魂，是一个国家兴旺发达的不竭动力的思想已被越来越多的人所认知和理解。创新能够突破旧的思想观念，为社会发展扫除障碍；创新能够促进社会发生革命性变革；创新能够引起社会各方面产生综合性发展，促使社会发展产生新的飞跃。创新在促进社会发展方面的这些重要作用已成为理论界和学术界的共识。庞元正教授从整个人类社会发展的高度指出，技术创新解决了生产力自身发展的矛盾；制度创新解决了社会基本矛盾；知识创新解决了社会存在与社会意识的矛盾。技术创新、制度创新、知识创新是三个相互联系、相互制约的方面，共同构成了社会发展的重要推动力量。❶

（十四）文化是社会发展的精神动力

物质是社会的基础，但精神文化对物质有反作用，进步的文化也是社会发展的推动因素。有人提出文化力的概念，认为文化力是指一定的文化传统、文化模式在经济、社会中表现出来的影响力，即主体出于追求自身全面发展，在创造文明与文化价值过程中显现出来的力量，以及不同种类的文化在参与、协同生产力提高，促进

---

❶ 庞元正. 创新实践：马克思主义哲学研究的重大课题 [N]. 人民日报，2006-09-08（15）

经济发展、社会进步过程中转化而来的力量。有人认为文化也是一种生产力，是以文化信息为核心的智能生产力，是在高度社会文明的基础上发展起来的，体现和包含了充分的物质文化和精神文化，是作为合力的现实意义上的生产力的一个分力、一个要素，是文化渗透并融入经济、政治、社会而形成的力量，它日益成为推动社会前进和发展的主要动力。还有人提出了文化国力的说法。认为文化国力是指综合国力中的文化力，是一种软实力，相对于综合国力中的经济力和政治力，体现着一个国家或地区文化发展状况和建设成果，蕴含着推动经济和社会发展的精神力量和智力因素。❶

二、马克思主义以外的社会发展动力观点

对社会发展动力的探讨，并非始于马克思、恩格斯，在他们以前已经有许多思想家研究过这个问题，并形成了一些思想理论。对这些人类认识成果的整理和研究，有助于我们更好的理解和坚持马克思主义哲学的社会发展动力论。

（一）神学动力观

神学动力观是把社会发展动力归因于神，如上帝、真主、如来佛祖、女娲等神仙或传说人物，认为是神的意志在主导社会历史运动、变化、发展。《圣经》说是上帝创造了人类及世间万物，世界是按照他的旨意运行的。在人类违反他的意志的时候，他用洪水把世界洗刷一遍，把唯一信守上帝旨意的诺亚用方舟救出。中国的封建神学鼓吹天道兴替，说社会的变化都是上天的意志。

（二）自然动力观

---

❶ 张海燕，黄尚峰. 社会发展中的文化动力结构分析 [J]. 河北北方学院学报，2007，4.

自然动力观是一种从自然界寻找社会历史发展的动力，认为人类社会由自然物质发展而来，也由自然物质的特性所推动。例如，古希腊的泰勒斯认为水是世界的本原，整个世界的活动都是由于水的原因，遵循水的规律。后来，赫拉克利特用火、阿那克萨戈拉用种子、德谟克利特用原子、中国朴素唯物主义用金、木、水、火、土五行（如《国语·郑语》说："先王以土与金木水火杂，以成百物。"又如《管子·水地》说："水者，何也？万物之本原也，诸生之宗室也。"）、古印度用地、水、火、风来解释世界与人类社会的形成与发展。这些朴素唯物主义认为，世界是在这些自然元素的基础上发展起来的，社会的发展变化最终是由这些基本元素的性质和运动决定的。

自然动力观还有一种表现形式，认为社会的发展是由地理环境等自然条件决定的。他们认为，沙漠里没人居住，港口城市的贸易发达，生态条件良好的地方人口就多，正是自然动力的表现。

（三）理性动力观

文艺复兴运动和思想启蒙运动把人从神的束缚下解放出来，在此之后的资产阶级思想家提出了人的理性才是世界发展动力的思想。黑格尔从他的绝对精神出发，认为绝对精神在战胜并摆脱自然界外化为人类社会的同时构成历史发展的真实内容和最终基础。在他眼里，人类社会历史不过是绝对精神发展的产物，是绝对精神演进和逐渐实现的过程。由此，理性决定了世界历史的发展。

中国的宋明理学认为"理"是世界的决定力量，也是一种理性动力观。朱熹说："未有天地之先，毕竟也只有理，有此理便有此天地，若无此理，便亦无天地，无人无物。"

（四）英雄动力观

这种观点认为是英雄创造了历史，伟大人物决定了世界的进程。在中国，历代王朝都推崇"圣人"的作用，群众必须在"圣人"的教化下才知道怎样生活。例如，明朝的大思想家朱熹就认为，"天不生仲尼，万古长如夜。"（见《朱子语类·卷九十三》）19世纪末德国哲学家尼采极力鼓吹"超人"哲学和"极力意志论"，认为极少数"超人"的权力和意志是决定一切的力量。俄国民粹派理论家则认为，历史是由少数的英雄创造的，人民群众不过是消极的群氓，他们愚昧无知、微不足道，犹如一连串的"零"，只有在前头出现具有非凡智慧和才能的伟人这个"实数"时，他们才有价值。18世纪法国唯物主义者提出了"人是环境的产物"的命题，并认为环境是法律和执行法律的政治制度，而好的法律和好的政治制度取决于人的良好理性，良好理性是教育的结果，因此必须有伟大人物或天才来教化世界，世界才能进步。

（五）人性动力观

人性动力观认为人类社会的发展完全是人性驱动的结果。孟子最早提出"性善论"。《孟子·告子上》曰："人之性善也，犹水之就下也，人无有不善，水无有不下。"所以他提倡统治者要行德政，最终实现天下善治。《荀子·性恶》写道："人之性恶，其善者伪（人为）也。"认为人生而具有好色、好声、好味、好利等特性，因而他主张法治天下。

欧洲文艺复兴时期的思想家把人看作是有理性、有自由意志、追求享乐的，认为理性、自由、享乐是人的本性，破除了中世纪封建神学对人性的禁锢。17和18世纪法国启蒙学者继承和发展了这种人性观点，并用来解释社会发展动力，认为人的追求自由、享乐的本性是促进社会的发展的动力。这种动力观继续后传，至今还有信徒。

另外，形而上学用静止的观点看待世界，认为世界没有发展，如果说有变化，也只有数量的增减和场所的变更，没有质的改变，是谓"天不变，道亦不变"。循环论认为历史不过是在重复，终点又回到起点而已。所以，在他们看来，社会没有发展，也就无所谓发展动力。

还有持社会退步论的人，他们也认为社会没有发展，无所谓发展动力。孔夫子常常叹息周朝才是最理想的时代，之后的历史都退步了。这种思想在社会动荡时期就会被更多的人想起。例如中国古代的史书都说尧舜禹时代是中国历史上最文明的时代，以后的历史都豪取强夺的历史。世风日下，人心不古，古风不再，今不如古是这种思想的常用语。他们认为社会退步的原因是人们道德品质的滑落。西方持社会退步论的人认为社会退步的原因在于人的贪欲，也有人认为工业文明导致生态破坏和人际冷漠，是社会退步的表现。

三、对社会发展动力理论的总结

列举的目的是为了更好地证明。通过上面对各种社会发展动力观点的简述，我们可以发现，尽管关于社会发展动力原因的探究名目繁多，但是它们作为社会发展动力理论的价值是不一样的。我们认为：

第一，神学动力观是由于生产力水平低下、科学不发达时，人类面对强大的自然力的支配无能为力，对一些现象无法做出科学解释时，他们认为有一种超自然、超人类的力量在起作用，这就是全知全能的"神"，这种错误的观点已经被现代科学粉碎。

第二，自然物质对人类社会具有巨大的影响，但只是影响而已，完全不能是决定性动力。人是具有能动性的，由无机物质组成有机物质进而形成生命进化成高级生物人后，物质的功效就起了本质性的变化，再也不是单纯的原子或水了。对于自然条件对人类社会的影响，最终是由人的能动性与自然共同作用的结果。例如有的沙漠是人类活动造成的，人类也可以治理沙漠。我国深圳特区在改革开放前后的变化也深刻说明了人的能动的实践活动对自然的改造，而不是人类被动地接受自然的奴役。不过，人类现在也认识到人类不是要战胜自然，而是要和自然和谐相处。

第三，抽象的"理"是不能成为社会发展的基础动力的。"理"确实对人类社会有一定的引导作用，但理又产于何处？理又通过何种中介来实现对社会的引导作用？理还要受物质基础的决定，没有人何来人的"理"？理还要通过人类的实践才能化为世界的结果，单纯在头脑中的思想是不能影响世界的。

第四，英雄动力观是统治阶级为了宣扬夸大他们的作用，便于统治民众而操纵思想舆论的结果。也由于人类认识能力的历史局限性，在奴隶社会和封建社会英雄史观盛行，但随着人类认识能力的进步，现代社会民众力量的提升，人们越来越抛弃了英雄史观。当然，我们并不否认英雄人物在历史发展中的巨大作用。但他们也来自于人民群众，他们的业绩也是由人民群众完成的。一将功成万骨枯正是通俗的说明。

第五，资产阶级的人性动力观把人追求理性、自由、享乐的现象当作人的本性，并认作社会发展的动力，是只看到了社会的表面现象，而没有看到社会发展深层次的动力。自由、物质基础如何实现？如何推动社会发展？背后是生产力和生产关系、经济基础和上层建筑的矛盾关系在起决定性作用。

第六，循环论是错误的世界观。世界是一个变化发展的世界，联系和发展是世界的总特征。世界在发展中固然有往复和重复，但总体特征是向前发展的。自然界演化的历史和人类社会进化的历史以及人类思想的发展史都说明了这点。循环论看到了今天的太阳和昨天的太阳相同的一面，没有看到今天的太阳与昨天的太阳相变化的一面。实际上，太阳内部的变化十分剧烈。

第七，历史退步论更是显而易见的错误。他们看到了社会某一方面或某一时刻的退步，就认为历史发展的总趋势是倒退的。社会向前发展是总的趋势，但不排除历史发展的反复性。道路是曲折的，前途是光明的。

我们认为马克思主义哲学对社会发展动力的总结是科学的、正确的和全面的，但也应该更全面更深刻地看待已有的动力观。因为马克思主义哲学的动力观也是在发展的。阶级斗争动力观、改革动力观、开放交往动力观、群众动力观、科技动力观、自主劳动动力观、生态动力观、恶动力观、需要动力观、文化动力观、都是阐述了社会的某一个方面的发展动力。实际上，社会是多个因素组成的复杂体系，有多个方面，这些动力形成合力，构成系统动力。从这个意义上说，合力动力论是更有概括力的动力论。但这些动力推动社会发展的根本是要通过人类的实践来实现，而人类实践对社会发展最根本的推动力是影响人类社会的基本矛盾。在人类实践的基础上，社会才能发展。在人类实践的过程中，必然引发生产力的进化，从而引发生产关系、经济基础、上层建筑相应的变化，从而推动社会发展。所以，实践动力论和社会基本矛盾动力论是更基础的社会动力论。

但是，这些动力论还可以更进一步深入社会发展的本质。发展的实质是新事物的产生和旧事物的灭亡，是事物由低级向高级的进化。所有的动力推动社会发展的根本特征是社会起了新质的进步，如果社会还是以前的模样或者比以前更差了，是不能说发展的。所以，创新才是社会发展的实质！社会没有创新，没有起得更高级的进化，就不是发展；发展就是有了不同以往的、更高级的进化，就是创新！因此，创新实践才是社会发展的动力。庞元正教授也指出："只有创新实践才能成为人类获得认识世界的新信息、新知识的源泉，才能拓展人类对客观事物认识的广度和深度。……达到更为有效地改造世界的目的。"❶

创新实践社会发展动力论抓住了社会发展的本质，说明了社会发展动力的实质。但是，创新实践动力论并不是要取代其他动力论，而是可以互相说明。例如一个地区的文化特征可以影响该地区的创新实践，人类进行创新实践也是要解决生产力、生产关系、经济基础、上层建筑的矛盾，推动社会发展、满足人类需要。创新实践社会发展动力论适应了当今社会创新勃发的时代特征，表达了创新实践对社会越来越巨大的推动力，从更本质的层面指出了社会发展的动力所在：一切推动力最终只有取得了创新的成果才是社会发展的真正动力。

四、创新实践是社会发展的本质动力

从上文对各种社会发展动力理论的梳理可以得出结论：创新实践社会发展动力论从本质上揭示了社会发展的动力，是更深刻、更本质的社会发展动力理论。

只有创新实践才能成为人类获得认识世界的新信息、新知识的源泉，才能拓展人类认识世界的深度和广度；创新实践更能体现实践改造世界获得物质成果能力的提高；创新实践才能破解人类发展的难题，组织好社会的关系，推进生产关系、交往关系和其他关系

---

❶ 庞元正. 创新实践：马克思主义哲学研究的重大课题 [M]. 人民日报，2006-09-08（15）.

的进化。创新实践是社会发展的本质推动力。

整个世界处于发展进化之中，人类社会的发展在各个层面都是创新实践推动的结果。实践是人类存在的根本方式，生产实践、交往实践和科学实践是实践的三种基本形式。技术创新实践、制度创新实践、知识创新实践则分别是三种基本实践的高级形式❶，推动了它们的向前发展。在人类实践生活的其他领域，如艺术实践、教育实践等，也是相应的艺术创新实践、教育创新实践等克服了常规实践只能重复先前的成果的问题，把这些实践推进到更新、更高的层次。因为常规实践在目的、手段、对象、成果等方面只是进行了量的扩张，而没有质的跃进；只有创新实践从目的、手段、对象、成果等方面发生了质的飞跃。从整个实践生活来说，没有创新实践就没有社会的发展。

从人类的发展历史来看，也是创新实践推动的结果。人从猿猴分化出来，是因为人改变了四肢着地的行走方式，改为直立行走，从而扩大了眼界；接着，解放出来的手可以做更多的事，而不再是以前只是支撑前肢行走，这样逐渐地，手就灵活起来，可以制造和使用工具了；在使用工具集体劳作的过程中，需要比猴群更复杂的联系，简单的呼叫声不能满足需要了，以是有了语言，并且越来越丰富；大脑在使用复杂工具、复杂语言、应对复杂情况、处理复杂关系的推动下，越来越进化了。终于在创新进化中"人"成为了人。如果没有创新，只是继续四肢着地行走，不制造和使用工具，仍然只是猿呼猴叫，不进化大脑，就永远还是猿猴。创新（当然在人类进化最初的"创新"是自然而非自觉的）造就了人！

之后，人组织起了社会关系，并且创新着社会组织关系，从氏

---

❶　创新可以根据不同的分类标准进行不同的分类，例如根据创新的内容分为文化创新、政治创新、社会创新、法律创新、经济创新等，则创新实践也可以相应地分为不同的类型。本书根据社会实践的基本分类把创新实践分为技术创新实践、制度创新实践和理论创新实践三种基本形式，并不否认其他创新实践的分类形式。

族公社到部落到部落联盟到奴隶制国家，再到封建社会、资本主义社会、社会主义社会。人使用工具的水平也越来越高，因为人类发明和制造着越来越先进的工具：从棍棒和石器到青铜器到铁器到简单机具到复杂机械到现在的智能工具。人类凭着创新享受着越来越幸福的生活。比如绘画，开始只能用棍棒在地上涂鸦，再可以在器物上作画，再在布帛、纸上真正绘画，现在可以在电脑上绘制出美丽的图画！人类社会发展到今天的程度，都是创新实践的成果，否则还停留在茹毛饮血的阶段。

人类的未来也只有创新实践才能创造。更新的更合理的社会组织结构——共产主义社会的实现，需要人类创新现在的社会关系结构才能迈入；更高水平的生产力，人类改造世界的能力，取得更丰裕物质基础的能力，也需要人类的创新实践才能达到；更广泛、更深刻地认识世界，满足人的求知欲，改造人类的认识和思想，需要知识创新实践才能做到；克服当前人类面临的资源能源紧张、环境惨遭破坏、生态危机、人际关系异化等问题，都只能依靠人类的创新实践才能解决。重复以前的过程，人类就没有未来！唯有创新实践，创造了人类的历史，还将创造人类的未来！

创新实践如何推动社会的发展？本书将从哲学层面展开分析与说明。

第二章　技术创新实践推动
生产力发展

生产实践是人类社会存在和发展的基础，人类生产实践的发展状态决定了生产力的发展水平。生产力是社会发展的最终决定性力量，技术进步直接促进了生产力向前发展，生产力水平直接体现于技术水平。邓小平同志讲科学技术是第一生产力，就是在新的历史水平上充分肯定科学技术对生产力发展的第一推动作用。创新促进技术进步，技术进步推动生产力发展，从而改变世界。所以，从生产力发展的本质原因来看，正是技术创新实践直接推动了生产力的发展。

第一节　技术创新实践推动生产力发展的意义

技术创新实践推动生产力发展的意义在于生产力对社会发展的决定性作用。因为生产力是推动社会发展的最终决定性力量，而技术创新实践直接推动生产力发展，所以，技术创新实践对社会发展具有原动力性的作用。

一、生产力在社会基本矛盾运动中的作用

马克思主义唯物史观指出，推动社会发展的动力是多方面的，构成人类社会的一切要素和矛盾，都在推动社会发展方面发挥着不同程度的作用。社会基本矛盾是社会发展的根本动力。生产力和生产关系之间的矛盾，经济基础和上层建筑之间的矛盾，是人类社会的基本矛盾。这两对矛盾存在于一切社会形态之中，贯穿于每一个社会形态的始终，决定着其他一切社会矛盾，是推动社会发展的根本动力，决定着整个社会的面貌、社会发展的阶段和趋势。

生产实践是人类最基本的实践活动，是人类从事一切实践活动的基础。生产实践反映了人类和自然界之间的实践关系和实践水平，而生产实践的发展水平又是通过生产力发展的状况表现出来。生产力决定生产关系，再通过占主导地位的生产关系即经济基础，决定上层建筑。所以，生产力是社会前进的发动机：生产力进步了生产关系就会随之进步，上层建筑也就会相应进步。当然，这是历史发展的大趋势，社会生活发展的具体过程会是具体而复杂的，生产力与生产关系、经济基础与上层建筑的矛盾运动是辨证、螺旋前进的。

在生产力与生产关系这对矛盾中，生产力决定生产关系，生产关系反作用于生产力，生产力和生产关系之间的矛盾运动，构成生产关系必须适合生产力性质的规律。生产力和生产关系之间的矛盾是物质生产过程中的内部矛盾。其中生产力是矛盾的主要方面，生产关系是矛盾的次要方面，生产力对生产关系起着决定作用、支配作用。一定的生产力要求一定的生产关系和它相适应，一定的生产关系只能依据一定的生产力发展水平才能建立起来。生产力的发展变化决定生产关系的改变。当一种生产力被一种新的先进生产力代替以后，旧的生产关系也必然被新的生产关系所代替。生产关系对

生产力的反作用表现在当生产关系适合生产力的状况时就促进生产力的发展，当生产关系不适合生产力的状况时就阻碍生产力的发展。但是，生产关系决定不了生产力的命运，不能适应生产力的生产关系最终一定会被新的、与生产力水平相适应的生产关系所代替。

经济基础和上层建筑的矛盾关系是受生产力与生产关系的矛盾性质决定的。经济基础是指一个社会中占统治地位的生产关系各个方面的总和，即生产资料所有制形式、各种不同的社会集团在生产中的地位及其相互关系、产品分配方式三个方面的总和。经济基础和生产关系是两个术语、同一内容。相对于生产力而言叫生产关系；相对于上层建筑而言，占统治地位的生产关系叫经济基础。上层建筑是与经济基础相对应的范畴，指社会的政治、法律、文艺、道德、宗教、哲学等意识形态以及与这些意识形态相适应的政治法律制度和设施的总和。根据马克思主义的观点，经济基础决定上层建筑，上层建筑反作用于经济基础，经济基础与上层建筑的矛盾运动推动社会的发展。在这个过程中，经济基础起决定的作用。而经济基础（生产关系）又受生产力决定。因此，两对社会基本矛盾中，生产力和生产关系的矛盾决定着经济基础和上层建筑的矛盾，生产力是最终的决定力量，也是最活跃、最革命的力量，从而推动社会不停地向前发展。

生产力的最活跃、最革命的性质，是由生产的本性决定的。人们要生活，就必须从事生产活动；由于人口不断增加，人们的生活水平不断提高，人们必须提高自己的生产经验和劳动技能，把生产力提高到一个新的水平。由此可见，生产的发展和变化，是从生产力的发展和变化开始的，进而使生产关系必定或早或晚地发生相应的变革，再使上层建筑发生变化。所以，生产力是社会发展的最终决定性力量。马克思早在 1848 年就曾指出："资产阶级除非对生产工具，从而对生产关系，从而对全部社会关系不断地进行革命，否则就不能生存下去。"❶ 这句话深刻说明了生产力（生产工具是其水平的代表）的进步和创新对社会发展的决定性作用。

二、生产力发展推动社会和人全面发展

生产力的发展是实现社会全面发展的基础条件。生产力的发展不仅推动了生产关系和上层建筑的发展，还促进了社会生活的全面发展。任何社会的发展都具有多种目标，如物质生活水平的不断提高，政治制度的不断完善，思想文化的不断进步，生活方式的更加合理等，这些目标的实现，归根到底取决于生产力的发展。没有生产力的发展，生产关系不能进步，科学探索缺乏先进的物质技术条件，人类的物质生活无法丰富，在物质生活基础上建立起来的精神生活也失去了基础。因为社会生活在本质上是实践的，生产实践是人类社会存在和发展的基础。缤纷复杂的社会生活的方方面面都直接或间接地建立在生产实践的基础上。马克思主义把整个社会划分为社会存在和社会意识两大部分，认为社会意识是依赖于社会存在的，社会存在的状态也是取决于社会生产实践的状态。生产力的水平决定了社会生产实践的水平，从而决定了社会生活各方面的水平。在现代社会，生产力的发展与社会全面发展的紧密关系更为突出。生产力水平高的国家，社会发展水平也高；生产力落后的国家，社会发展的水平也低。中国如果不进行改革开放以发展生产力，那么社会主义制度也最终会被落后的生产力水平所葬送。

生产力的发展还是实现人的全面发展的根本条件。生产力是在人们实践活动中形成的，在这个意义上，发展生产力就是发展人的本质力量。因此，生产力的发展不仅表现为物质的不断丰富上，而

---

❶ 马克思恩格斯选集 [M]. 第 1 卷. 北京：人民出版社，1995：275.

且表现在人的不断发展上。生产力的发展使得人获得了更先进的认识自然和改造自然的能力；获得了更丰裕的物质资源和更强大的精神资源；人有了更多的闲暇时间用于发展自己，而不再是受困于自然的威压和单纯养活自己的简单生存状态。在人类社会之初，生产力水平很低，人们必须形成氏族部落才能捕获猎物、战胜外界的威胁，人们每天绝大部分时间都是在为了生存而挣扎。后来，生产力发展了，人们赖以生存的物质条件逐渐丰裕，精神产品不断增多，从人类之初的人的依赖性时代进入到物的依赖性时代。人自身的发展前进了一步，但人还很大程度上受制于物质水平的限制，甚至控制。人必须花费相当多的精力去谋取物质基础来满足自己基本生活的需要，因为此时的生产力水平还不足够高。只有人类的生产力水平发展到相当程度，把人从繁重的谋取物质生活条件的劳动中解放出来（不是不劳动，而是劳动的效率大大提高后，人们用于劳动的时间大大减少了），人才进入到自由而全面发展的状态。这个时代的到来取决于生产力的巨大发展，生产力的发展来自于技术创新实践的推动。

当然，在辩证法看来，人类社会的发展和历史的进步是一个极其复杂的矛盾运动过程，是一个波浪式前进螺旋式上升的矛盾运动。在这个矛盾运动中，在具体的地点和具体的时期，会有特殊的情况和个别的案例。但人类社会的发展归根到底的决定作用力量是生产力的发展。

第二节　技术创新实践推动生产力
发展的机制和作用

技术创新推动生产力发展的机制表现在多方面，既可以通过对生产力各要素的直接推进表现出来，又可通过影响到知识、制度等因素对生产力产生间接影响而表现出来。

一、技术创新的概念

中共中央、国务院 1999 年 8 月的《关于加强技术创新，发展高科技，实现产业化的决定》中对技术创新作了如下定义："技术创新，是指企业应用创新的知识和新技术、新工艺，采用新的生产方式和经营管理模式，提高产品质量，开发生产新的产品，提供新的服务，占据市场并实现市场价值。"❶该决定的技术创新概念仅指企业的技术创新，本书认为技术创新还发生在企业以外的个人、国家、社会等主体，效益也就不单是经济领域的了。实际上，国内外对技术创新定义很多，至今仍未形成严格统一的技术创新定义。例如国外缪尔塞将技术创新定义为"技术创新是以其构思新颖性和成功实现为特征的有意义的非连续性事件"。国内吴贵生认为，技术创新是指由技术的新构想，经过研究开发或技术组合，到获得实际应用，并产生经济、社会效益的商业化全过程的活动。傅家骥认为，技术创新是企业家抓住市场的潜在盈利机会，以获得商业利益为目标，重新组织生产条件和要素，建立起效能更强、效率更高和费用更低的生产经营系统，从而推出新的产品、新的生产工艺方法、开辟新的市场、获得新的原材料或半成品供给来源或建立企业的新的组织，它是包括科技、组织、商业和金融等一系列活动的综合过程。综合各种对技术创新的认识，本书认为，技术创新就是主体应用创新的知识和新技术、新工艺，采用新的行为方式或管理模式，取得更好的效果的实践。

---

❶ 中共中央国务院. 关于加强技术创新，发展高科技，实现产业化的决定 [N]. 人民日报，1999-08-25.

二、技术创新实践直接推动生产力各要素进化

生产力是人类利用自然、改造自然、从自然界获取物质资料的能力。生产力的要素或成分，按照一定的比例和形式结合起来，形成生产力的整体功能，就是生产力系统。生产力系统由独立的实体性因素、运筹性的综合因素、渗透性因素和准备性因素四类要素构成。技术创新直接推动了这四类要素的进化。

独立的实体性因素是以物质实体的形式相对独立存在的因素，包括具有一定生产经验和劳动技能的劳动者、劳动资料和劳动对象。生产工具是劳动资料的主要内容，是生产力发展水平的主要标志。劳动对象是劳动过程中被加工的东西。劳动对象分为天然存在的劳动对象和经过劳动加工的劳动对象两大类。

技术创新扩大了劳动资料和劳动对象的范围，也提高了劳动资料和劳动对象的使用效率，从而促进生产力的发展。首先，随着技术的创新，更多的物质资料成为人类的劳动资料，人类也加工出更多的劳动资料。人类开始只能使用身边触手可及的劳动资料和对周边劳动对象进行加工；后来，由于技术创新提高了人类利用和改造自然的能力，地下的矿藏、天上的太阳和空气等资源也成为人类的劳动资料；近现代化学工业产生以来，人类能自己合成新的、自然世界没有的劳动资料了；人类技术创新的脚步还在向前迈进，人类还会扩大自己的劳动资料的范围，例如利用太阳能以外的宇宙资源。第二，劳动资料本身是技术的物化，技术创新促进劳动资料质的变化，各种动力设备、制造及其他工作机械设备的不断发展和完善，特别是自动化、智能化程度的不断提高，大大提高了劳动的机械化、自动化程度，从而大大提高了社会生产力和劳动生产率。人类最初使用石头棍棒，接着学会了冶炼青铜器、铁器，再发明使用了工业机械（纺织机、蒸汽机的发明使用结束了手工业时代，步入

工业时代；内燃机、电动机的发明以及电力的广泛应用，使人类社会进入到电气化时代），现在制造使用着电脑、机器人等智能工具（这些工具使人类社会的劳动生产方式提高到自动化、现代化水平，正在把人类从工业社会带向知识经济的时代），技术的进步直接体现为劳动资料的进步，生产力随之进步！第三，随着技术的创新进步，人类劳动的对象也在扩大和改变。科学技术不仅使人们不断开发和利用新的自然资源，扩大劳动对象的范围，对现有资源开发出新的用途，而且能够研制创造出自然界没有的新物质形态。在内燃机使用之前，石油还是地底下有污染性的"废物"，在核能技术成熟前，铀元素是威胁人类健康的可怕的放射物。纳米技术制造的新纳米材料，超导技术制造出的超导材料都成为新的生产资料。新技术扩大了劳动对象的范围，从而提高了人类改造和利用自然的能力，发展了生产力。

技术创新也提高了劳动者的效率。劳动者是生产力中能动的因素，处于主导地位。但只使用劳动者自身本能的体力和手段的原始生产力是很初级的。技术创新制造出工具、机械提高了人的生产能力，现在的生产力甚至与劳动者自身本能的体力和手段已经没有多大关联了，几乎直接体现为工具、机械的水平了。当然，技术的复杂化要求劳动者操作水平的提高，这可以通过教育和训练做到。那些过于高端的工具或机械确实会排除一些操作能力和学习能力低下的劳动者，但总体上，更先进的工具、机械更大程度提高了劳动者的效率。事实上，现代技术进步的趋势是功效的放大化和操作的简单化。以电脑技术为例，从最开始的有几层楼高的庞然大物、由数十个专业技术人员操作的电脑到现在的微型电脑、小学生个人都能使用，而功能却比当初的庞然大物强大无数倍！技术创新提高劳动者效率的趋势是从延伸和增强人类肉体的劳动能力到扩大和延伸人类脑力的劳动能力走向对人类体脑综合能力的增长和延伸。

技术创新不仅因为创造出更先进的工具、机械提高人的劳动率，还因为技术创新更新了劳动者的劳动方式从而提高劳动者的效率。泰罗的科学管理就对工人的动作进行优化，使其消耗最小而工效最高。

生产力系统的第二类因素是运筹性的综合因素，其作用在于通过对生产力系统的其他因素的选择、调动、处置、匹配等手段，在数量和比例上做到合理结合，从而形成生产力的整体功能。具体说来，运筹性的综合因素包括经济管理、分工协作、预测决策等。管理技术、预测决策技术的创新使得生产力系统中运筹性综合因素的功能水平大大增强。计算机技术、信息网络技术的出现和创新进步，使得管理水平大大提升，极大促进了生产力水平的提高。在手工作坊时代，作坊主依靠经验和自己的个体能力对小规模的生产进行管理，但进入到大机械大工业时代，没有管理技术的创新，还是作坊式的管理，是绝对不可以的。因为作坊主个人的经验不足以判断和预测瞬息变化的情况，他个人的精力也不可能照看完全众多的工人和机器，他必须借助现代化的管理设备和技术。值得指出的是，物质技术创新改变了生产的方式，也必然改变生产力系统中运筹性的综合性因素。机械技术代替手工技术后，手工作坊的运行方式必然改变为工厂的运作方式；在现代科学技术的条件下，机械化的生产方式正在被自动化的生产方式所取代，生产过程成为自调节、自组织、自控制的生产系统，工厂的管理方式必然继续改变为智能运行的方式。

生产力系统的第三类渗透性因素主要指自然科学，自然科学本身是关于自然界的现象、性质和发展规律的知识理论体系，是一种社会意识形态，一种精神现象，因而不是现实的物质生产力。但是，它是人们认识自然、改造自然、从自然界获取必需的物质资料的知识力量，把它应用于现实的生产过程，它可以渗透到生产力系统的其他各个要素中去，转化为物质生产力，推动物质生产力的发展。

技术是科学向生产转化的中介，技术进步在本质上来说，必须依赖科学进步。科学也只有转化为生产技术才能体现为现实的生产力。生产实践是科学发展和技术进步的动力、检验和实现。科学—技术—生产的联系和转化日益紧密，特别是科学与技术的联系日益紧密，以至于合称为"科学技术"，很多论述都是合说科技创新推动了生产力的发展。为了分项清楚地叙述，本处先只论述技术创新实践直接推动了生产力的发展，在理论创新部分论述科学创新对社会发展的动力作用。实际上，技术创新实践对生产力的推动的背后力量是科学的创新实践以及科学—技术—生产的互动，只是技术创新实践直接推动生产力的发展从而推动了社会其他层面的发展。

邓小平同志提出了"科学技术是第一生产力"，这个著名的论断。这个论断也深刻说明了技术与生产力、技术创新与生产力发展的关系。"科学技术是第一生产力"，这个反映时代精神的科学真理说明了科学渗透于现代生产力系统的各类要素之中，通过技术的中介直接体现为现实的生产力。马克思指出："生产力中也包括科学""科学在工艺上的应用……赋予生产以科学的性质"❶。在机器大生产中，"生产过程成了科学的应用，而科学反过来又成了生产过程的因素即所谓职能。"❷这些论述都指的是科学应用于生产过程或工艺过程，渗透到生产力的其他各类要素中去，从而转化为直接的现实的生产力。技术是联结科学和生产的中间环节，是实现这种转化的中介。科学技术已成为现代经济发展中最主要的驱动力。据统计，科学技术对发达国家经济增长的贡献 20 世纪初为 5% ~ 20%，20 世纪中叶上升到 50%，进入 20 世纪 80 年代以后，科技

---

❶ 马克思恩格斯全集 [M]. 第 46 卷, 下册. 北京：人民出版社, 1979: 211.

❷ 马克思恩格斯全集 [M]. 第 47 卷. 北京：人民出版社, 1979: 570.

进步对经济增长的贡献已上升到 60% ~ 80%，它已名副其实地处在了"第一生产力"的位置。

科学推动了技术的发展，技术反过来为科学的发展提供设备和手段。现代光学理论催生了现代光学技术，现代光学技术制造出的高精度天文望远镜，显微镜等设备和光速测量技术，激光探测技术又大大促进了光学的发展，从而提高了生产力。例如显微技术的成熟才使得集成电路的制造成为现实，电脑才能普及。科学不仅推动了技术的进步，还推动了人类认识世界能力的提升，理论创新直接是人类社会发展的动力之一。

生产力系统的第四类准备性因素主要指教育。教育从本质上说属于上层建筑，它的主要任务之一是向受教育者传授知识。这种知识包括两个方面的内容：一是自然科学知识，一是社会科学知识。通过向受教育者传授自然科学知识，可以培养、提高受教育者的生产经验和劳动技能，向社会输送生产建设方面的人才；通过向受教育者传授社会科学知识，使受教育者掌握一定的思想、理论以及管理社会的知识和技能，向社会输送各方面的管理人才。因此，教育在生产力的继承和发展中起着重要作用。技术创新为劳动者的教育培训提供了更好的条件，促进了劳动者素质的提高。古代以来生产技术在劳动者之间的传承靠口传身授，效率低还效果不好。现在视频技术、电化教学技术、模拟训练技术、网络教育、人机交互在劳动者的教育培训领域的广泛使用，彻底颠覆了传统的课堂教学以及私塾教育，大大提高了教育培训的效果和效率，促进了教育对生产力的功用。

技术创新通过新发现、新发明、新创造，实现了生产实践质的飞跃，使生产力成为最活跃最革命的力量。重复性的常规生产实践，对于生产力的量的扩张，对于维系人类的生存和发展，是不可或缺的。但仅仅停留在常规生产实践的水平上，日复一日，年复一年，没有任何技术创新，人类不可能有生产力水平的提高。因此，在肯定生产实践和生产力在社会发展中动力作用的同时，还必须肯定技术创新是生产实践的高级形式，是不断提高生产力水平的根本途径。这样，我们就有必要对生产力是社会发展最终决定力量这一唯物史观的基本原理加以深化，进一步指出技术创新是生产力发展的直接动力从而也是社会发展的原动力。

三、技术创新实践推动生产力发展的作用

20 世纪科技革命以来，特别是二次世界大战以后，新技术革命的浪潮席卷全球，许多高新技术迅速转化为巨大的生产力，直接推动了世界经济结构的变革和社会生产的发展。现在，以微电子技术、通信技术、新材料技术、新能源技术、生物技术、基因工程为标志的科技革命已逐步引起人类生活广泛而深刻的变化，促进了生产力更加快速的发展。

首先，技术创新促使产业部门分化。人类社会之初，只有狩猎和采集现成食物。后来掌握了农作物种植技术和家畜养殖技术，出现了农业。近代以前，由于人类的技术创新能力低，人类的产业进化缓慢。近代工业革命，是技术创新导致的产业变化，从此，人类的技术创新和它催生的产业分化速度都快起来。工业革命之后，随着商品经济向市场经济过渡，第三产业迅速崛起，全球经济一体化趋势出现，强制进行国际产业大分工。20 世纪 90 年代以来，人类的产业结构又经历了重大调整，以计算机联网、信息高速公路和数字化技术为代表的信息产业和高科高新产业已经形成，新的产业正在形成和发展。

在技术进步的作用下，原有的产业部门分解，形成一些新的产业部门，消亡一些旧的产业部门。技术进步也刺激需求结构发生变

化，为生产力的发展带来拉动力。例如汽车技术的成熟导致社会对汽车需求的增加，刺激工厂提高生产力，生产更多更适合消费者需求和更廉价的汽车。福特汽车厂的流水线生产技术就是这样产生的，流水线生产方式大大提高了生产力水平，不仅在汽车生产领域，而是在整个工业生产领域。

其次，技术创新实现的高新技术及其产业促进了劳动生产率的大幅度提高。我国传统农业里一个壮年男劳力可以种十亩水稻田，收获六千斤稻谷；采用杂交稻和小农机，一个壮年男劳力可以种三十亩水稻田，收获三万六千斤稻谷；若采用自动化，一个农业从业者可以借助电脑和机械的力量种上万亩水稻，收获千万指斤稻谷！

第三，技术创新为社会带来了新的产品和新的服务。汽车、电影、电话、电视、电脑是技术上的发明，是曾经的高新技术；广告术、商品"三包"和信用赊买则是服务上的创新。现在，生物制药、太空作物、纳米产品、网络购物，远程会诊等，无不是技术创新带给人类的回报。

第四，技术创新带来了高额利润、增强了技术创新者的竞争力和实力，为技术创新的持续提供了动力和可能。根据陈志耕、孙广义的测算，发现大庆油田的地球科学理论所形成的勘探技术在1966~1976年十年间创造的直接经济价值为1994年可比价的5249亿元人民币；"一个中心两个基本点"的基本路线在1978~1987年十年间创造的直接经济价值为21584亿元人民币，相当于1994年可比价23143亿元人民币；马寅初的新人口理论价值约为31555亿元人民币。❶全球500强企业的蓬勃发展史其实就是一部不断进行技术创新从而获得快速发展的历史！世界第一的微软公司的技术

---

❶ 陈志耕，孙广义. 社会科学技术是第一生产力的社会经济实证分析 [J]. 生产力研究，2004，1.

创新也最为活跃，其利润率也最高，达到了 30%！芯片之王英特尔的利润率约 20% 位居第二！锐意进取的技术创新使他们掌握了独占性技术！高利润的核心技术又使他们保持在同行业中的顶尖地位。谁在技术创新的核心竞争中领先，谁就创造了新的商机，谁就成为这个行业的大赢家。所以，技术创新直接实现了生产力的进步并进一步推动了生产力的持续、更快速的进步！

第五，技术创新还决定着企业命运。一方面，技术创新能力强的企业逐步成长为知名的高新技术大企业。如我国通讯领域的巨龙、大唐、中兴、华为以及计算机行业的联想、四通、方正、同方、东大阿尔派等。另一方面，技术创新乏力的企业逐渐式微。中国曾有一批靠炒作红火过几天的企业，但缺乏技术创新，没有真正的实力，现在都成了昨日黄花。如秦池酒业，三株保健品集团，爱多电器等。

第六，技术创新对生产力、对经济的促进作用在现代社会被进一步放大。现在国与国之间竞争的是经济、文化、生态和社会的发展，这些都需要技术创新的实力。所以各国政府致力于科学技术的创新，发展本国经济，这是时代主题和国际形势变化的根本原因。邓小平指出："世界新科技革命蓬勃发展，经济、科技在世界竞争中的地位日益突出，这种形势，无论美国、苏联、其他发达国家和发展中国家都不能不认真对待。由此得出结论，在较长时间内不发生大规模的世界战争是可能的，维护世界和平是有希望的。"❶

美籍德国经济学家门斯在《技术的僵局》一书中，还指出了技术创新对整个经济周期的决定作用。他认为，当经济陷入危机时，只有新的基础创新和新的产业部门才能使经济走出危机。在这期间，技术创新的扩散和新产品、新技术的不断涌现，使经济发展进

---

❶ 邓小平文选 [M]. 第 3 卷. 北京：人民出版社，1993：127.

入长周期的上升阶段；当创新扩散到一定程度后，工业投资达到高峰，接下来的改良革新或者虚假创新，导致经济增长趋于平缓，经济结构重新陷入削弱时期。缺乏创新或者说技术的僵局，是导致经济萧条的主要原因。

第三节　技术创新推动生产力发展的趋势

从历史的角度来看，一部浩浩荡荡的生产力发展史就是一部日新月异的技术创新实践史，过去、现在和将来都是这样。

一、技术创新推动生产力发展的历史考察

虽然从严格意义上来讲，原始人类并没有什么技术可言，但他们学会了制造和使用工具。哪怕是使用一个粗制的石头工具或棍棒，也把人类同其他动物从本质上严格地区别开来。这时人类迈开了进化的步伐，逐渐超越了其他动物。考古研究和发现表明，在漫长的原始社会，人类生存劳动的过程，就是生产经验逐渐积累的过程，生产工具不断改进的过程。史学界以生产工具的特征和制造技术为标志，把原始社会划分为旧石器时代、新石器时代和金石并用时代，充分说明原始技术提供的工具所代表的原始生产力。但每一次生产工具和生产力的提高，按现在的语言来说，都是技术创新的成果，也大大推动了人类社会的进步。

人类掌握了金属冶炼技术，学会使用金属工具，生产力就前进了一大步。18世纪60年代，以蒸汽机和纺纱机的发明和使用为标志，引发了工业革命，直接启动了资本主义国家的工业化。19世纪末20世纪初，电力电器的使用，使人类社会进入到电气化时代。

第二次世界大战后，以原子能的利用、电子计算机和空间技术的发展为主要标志的第三次科学技术革命，对社会生产和社会生活产生了深远的影响：科学成果转化为应用技术的周期大大缩短，科学技术对生产力的促进作用迅速放大，技术进步在经济增长和社会进步中的作用日益显著。例如，英国在工业时代能崛起为世界强国，是因为英国有效促进了科学技术创新的缘故。19世纪以前英国一直是世界科学中心。在这一时期，影响世界科技发展的重大科学发现如牛顿的经典力学体系、电磁理论和进化论都在英国首先产生。同时，在先进科学理论的指导下，纺织机和蒸汽机发明出来并被广泛应用，在英国首先揭开了人类工业革命的序幕。使英国成为世界上最早实现工业化的国家，并在19世纪成为世界最强的工业国。

近代以来，技术创新呈加速发展的态势，生产力也在技术创新的促进下加速发展。从18世纪开始，资产阶级主导的技术创新加速形成现实的生产力，使物质生产以神奇的速度向前发展。正如《共产党宣言》中所说："资产阶级在它的不到一百年的阶级统治中所创造的生产力，比过去一切世代创造的全部生产力还要多，还要大。自然力的征服，机器的采用……仿佛用法术从地下呼唤出来的大量人口——过去哪一个世纪能够料想到有这样的生产力潜伏在社会劳动里呢？"而当今世界，根据法国社会学家格·普·阿波斯托尔估计，由于科技的创新，当今物质生产力3年内的变化，相当于20世纪初30年内的变化、牛顿以前时代300年内的变化、石器时代3000年内的变化！

当然，技术创新是不平衡的：有停滞不前的时期，也有迅猛发展的高潮时期；范围有大有小，程度有深有浅。但是，技术创新却是一个不可抑制的大趋势。

二、当今时代技术创新的繁荣与竞争

现在很多国家都在促进技术创新，以推进本国生产力的进步从而推进本国社会的发展。根据世界经合组织的数据，全世界现有23 个创新型国家，这些国家的基本标志是：70% 的新财富是靠技术创新实现的。

目前，美国是世界最强的国家，也因为美国是技术创新最多最快的国家。美国在国内战争结束后一直对科技创新高度重视和大力支持。从一次世界大战起，美国用于技术研发的经费大约每 4 年翻一番。自 1990 年开始，美国开始实施先进技术规划 (ATP 工程)，实际上是一个科技创新体系，是政府、私人企业与研究机构在研究与开发和高风险技术领域中的一种联合行动。这个规划给美国的技术创新，生产力发展，经济发展带来了广泛的效益。韩国在朝鲜战争结束时还是个落后的国家，自七十年代起奉行"技术立国"的战略，现在在超大型集成电路、信息通信网络、高清晰电视、电动汽车、造船工业等技术与产业化方面都是处在世界领先地位的国家。面对 21 世纪，韩国又制定了以"建立先进的技术革新体制，从引进和模仿先进技术转变为开发技术；构筑以需要为中心的技术开发体制和成果转化体制。"为中心内容的技术创新战略。创新使版图甚小的韩国成为亚洲强国之一。

1996 年我国政府也颁布了《技术创新工程》，提出"把研究开发、生产以及实现商业利益作为一项系统工程，提高企业的市场竞争能力和经济效益，加速形成有利于自主创新的技术进步机制……"❶ 1997 年，中国科学院向中央提出了建设国家创新体系建设的建议，指出了技术创新对国家发展的意义。2003 年，胡锦涛在

❶ 路甬祥. 创新与未来——面向知识经济时代的国家创新体系 [M]. 北京：科学出版社，1998：154.

中国科学院第十二次院士大会和中国工程院第七次院士大会的讲话指出，科学技术作为第一生产力，对一个国家、一个民族现在和未来的发展具有决定性意义。综观当今世界，各大国都高度关注科学技术的发展趋势，纷纷加强科学展望和技术预见，认真思考和积极实施新的科技发展战略和科技政策，希望通过科技进步来推动本国的经济发展和社会进步。2006 年 1 月 9 日胡锦涛总书记在全国科技大会上，做《坚持走中国特色自主创新道路，为建设创新型国家而努力奋斗》的重要报告，强调自主创新对我国的重大意义，是决定我国综合国力和社会发展水平的决定性因素。党的十七大，十八大，十九大，都提出要建设创新型国家。只有加快技术创新实践的步伐，就能直接促进生产力的发展，推动整个社会的发展。

现在随着人类科学技术的进步，各国政府对技术创新的推动，市场经济对技术创新的巨大渴求以及竞争带来的压力，人们创新意识的提高，信息条件和社会合作程度的提高，技术创新空前繁荣，技术发展日新月异。所以，社会生产力的发展也大大超越了以往的速度，社会生活也因之而变化万千、丰富多彩。

三、技术创新与生产力发展的未来

技术创新会越来越快，越来越多，对生产力的促进作用会越来越迅速和直接。因为技术创新的条件更好了，社会对技术的依赖程度会更高，新技术转化为生产力的通道会越来越畅通。

技术创新直接推动了生产力的发展，但不仅推动了生产力的发展，还推动了社会其他方面的发展。例如，技术创新使得人们有更多的闲暇和更好的物质技术条件来实现对美的追求，从而使人类的艺术实践更为发达。在未来，这种多重效应会更显著并会与知识创新、制度创新等对社会发展的动力作用叠加，显现出创新实践对社会发展的强大作用。

技术创新将出现新趋势。一是前沿科技成为创新竞争主要焦点，将带动人类社会迈向更高级的未来。高新技术的前沿科技是世界瞩目的制高点，一些国家和跨国公司正把主攻方向瞄准微电子—光电子—生物电子；细胞工程—基因技术—生命科学；核能氢能—太阳能；高磁材料—超导材料—纳米材料；空间提纯—微重力成形—太空基站；海水淡化—海洋油气开发—深海采掘等前沿领域，攻占这些科技高地的竞争已成为创新的主要焦点。这些技术创新的成功将使生产力突破式发展：将产生一批全新的生产门类，如基因生物生产；将破解人类现在面临的资源、能源和环境难题，因为氢能、太阳能等清洁能源的开发使用将使人类摆脱对化石能源的依赖；将开发出全新的生产工艺，太空微重力生产工艺将大大有别于地球重力状态下的传统生产工艺；还将使用全新的生产材料（高磁材料、超导材料、纳米材料等）。

二是科技集成成为创新常用形式。现有的科技成果和技术体系已相当丰富，当前面临的许多科技问题总是在很大程度上可以集成现有的技术给予解决。一些实力强大的公司为了保持和扩大其创新优势地位，不惜用重金收购相关公司的全部有形资产和无形资产。几年中，产生世界影响的"超级并购"频频发生，公司并购已成为一国范围内或国际范围内重组创新能力的有效途径。这使得世界技术一体化像世界经济一体化一样将逐步得以实现。

三是引进消化吸收再创新的方式在创新落后的国家得到大规模使用，促进全球性生产力的发展。由于创新处于领先地位的国家的创新频率大大增长，需要淘汰过时"创新"的频率也大大增长。为了最大程度的收回成本和赚取利益，他们会把这些过时"创新"向不发达国家转移。这在客观上促进了生产力在全球范围内的传播。

第四，技术创新实践与生产力和社会发展的互动特征更鲜明。

技术创新实践推动了生产力的发展和社会的发展，生产力的发展和社会的发展又为技术创新的发展提供了条件。在人类社会不发达的初期，技术创新也缓慢，社会进步了，技术创新也迅速了，社会就更快的发展。技术创新与生产力发展、社会进步之间就是这样一个互相促进的回路。

第五，技术的双刃性受到遏制。技术具有双刃性，炸药可以用来修桥铺路，也可以用来杀人。技术创新仅指对人类有益的技术进步，但是它并不能排除技术的双刃性。一是新技术采用带来的后果在当前符合人类的需求但在长远会有怎样的后果，受人类认识力的限制，往往是难于完全控制的。工业文明树起的烟囱曾被认为是发达的标志，现在才认识到烟囱里喷出的是"毒气"。二是新技术的使用会带来多重后果。由于世界的无限广大，人类需要到一定程度才能充分而真切地认识到这一点。农药的使用直接杀灭了害虫，但直到人类掌握了人体元素的测量技术，人们才发现农药会经过食物链在人体累积；也直到人类能够较方便在极地展开现代科学研究时，才发现农药居然在极地的磷虾体内累积！三是技术用于正当目的时可以产生良好的效益，用于罪恶目的时就会产生罪恶。克隆技术能为人类探索生命起源和医学目的服务，但是用来克隆人就会引发人类社会的混乱。

人类已经认识到了技术的双刃性问题，在技术创新的时候，会展开技术预见研究，对可能产生副作用的技术予以封杀。人类也已经改变了人与自然、人与人的观念，树立了生态文明的观念，把实现人与自然和谐发展、人与人和谐相处作为目标，不再单纯追求经济发达和物质享受。因此，人们会自觉舍弃那些破坏生态和人际和谐的技术。人类的精神境界随着物质文明的进步和社会文化的发展也已经提高，这会很大程度上令人们自觉阻止技术用于罪恶目的。

总之，技术创新实践在未来对生产力和社会发展的功效会更大。

第四节 技术创新推动生产力发展的综合效应

技术创新直接推动了生产力的发展，生产力的发展又带动了生产关系、经济基础和上层建筑的发展，并推动社会其他方面的发展。技术创新在直接推动生产力的发展之外，也推动了社会文化、生活方式、社会组织结构的发展❶。因此，技术创新对社会发展的动力作用，不仅是基础性的，而且是综合性的。

一、根本性技术创新引发社会重构

人类最初的原始文明时代，技术水平也处于原始状态，先民们直接利用自然界提供的劳动手段，去取得"自然界的现成产品"。采集、渔猎是最基本的生产方式，石器、棍棒、火是最重要的工具。《太平御览·皇王部三》引《古史考》云："古之初，人吮露精，食草木实，穴居野处，山居则食鸟兽，衣其羽衣，茹毛饮血，近水则食鱼鳖螺蛤。"在这种技术水平条件下，原始人追求的目标就是怎样去顺应自然，自然对于原始人来说，具有无限的威慑力与神秘性，人对自然的态度是恐惧、敬畏。"自然界起初是作为一种完全异己的、有无限威力的和不可制服的力量与人们对立的，人们同它的关系完全像动物同它的关系一样，人们就像牲畜一样服从它的权力，因而这是对自然界的一种纯粹动物式的意识（自然

---

❶ 此点的展开论述见本书第五章。

宗教)"。❶

原始世界的版图是根据原始人类对自然的适应能力——这种最原始的"技术能力"来划定的。原始人类生活在有水、有陆地和树、有可供猎食的食物、气候不过于恶劣的地方。一群先民，可供他们如此生活的地域足够广大，他们就能不停歇的繁衍壮大。如果自然条件不是太好，他们的生活就要糟糕些，甚至要迁移。因为技术条件的低下，他们很大程度上只能受自然的安排。在迁移或因人口增长而扩大地盘的时候，可能会遇上另一群先民，争斗就会发生。人多势众者胜（那时还不是拥有先进武器和技术者胜，因为大家的武器和技术都一样的原始），败者亡或改走他乡。黄帝与蚩尤的争战就是这样。生活在同一片地域上的部落或部落联盟接受统一的"领导"。

原始的技术水平使人类处在渔猎文明时期，这种技术水平代表的生产力水平决定了当时原始社会的根本面貌。

后来，人类通过漫长而缓慢的技术创新学会了冶炼技术，开始制造青铜器具、铁器，原始技术时代结束了，人类步入了农业技术引领的农业文明时代。农业文明时代主要的生产活动是农耕和畜牧，人类通过创造适当的条件，使自己所需要的物种得到生长和繁衍，不再依赖自然界提供的现成食物，使人类劳动产品由"赐予接受"变成"主动索取"。农业文明里，宗教还是具有崇高的精神统治力，各种宗教都敬拜天神，而天神不过是自然神秘力量的化身。这也都是当时农业文明时代的技术水平决定的。

随着技术水平的进一步提高，人类征服自然力量的增强，人开始把自己当作世界的主人，虽然这个主人还要臣服于某种更高的力量之下。《老子》第二十五章曰："故道大，天大，地大，人亦

---

❶ 马克思恩格斯选集 [M]. 第 1 卷. 北京：人民出版社，1995：81.

大。域中有四大，而人居其一也。人法地，地法天，天法道，道法自然。"在《圣经·创世记》中，上帝任命人为地球的"万物之灵"。上帝说："照着我们的形象，按着我们的样式造人，使他们管理海里的鱼、空中的鸟、地上的牲畜与土地，并地上所爬的一切昆虫。"这些文句表现出人开始把自己当作世界主人的意识。另外，随着人口的增加，农业生产中也出现了滥伐、滥采、滥捕、滥杀等现象。孟子《告子上篇》记载，临淄郊外的牛山原本郁郁葱葱，只因为邻近大都市，人为滥伐在先，牲畜践踏在后，树木根本无法再生，所以只能光秃秃地裸露于天下了。"牛山之木尝美矣，以其郊于大国也，斧斤伐之，可以为美乎？是其日夜之所息，雨露之所润，非无萌蘖之生焉，牛羊又从而牧之，是以若彼濯濯也"。但这些对大自然造成的小范围的破坏，尚不足以危及地球和人类的生存；人类在农业文明时代的"主人"意识也还不足于"战天斗地"。因为人类的技术水平还是较低级的，人类与自然处于某种程度的和平相处状态。

农业文明时代，改变了先前的氏族统治结构而代之于按地域划分统治范围的国家。拥有先进的农耕技术，较多的人口和较多的肥田沃土者是这个时代的大国，他们可以向周边小国开战，以开疆拓土。原始文明时代仅靠部族蛮勇就能占山为王的格局改变了，需要先进的技术和先进技术支撑的先进文化。蒙古人依靠其彪悍曾经打到印度、欧洲，但最终却失败了，就是这种格局改变的深刻说明。

农业技术突破了原始的渔猎技术，人类社会也迈过了原始社会进入到奴隶社会和封建社会，整个社会的生产，结构，思想都发生了相应的根本性变化。

18世纪60年代，人类开始向工业文明迈进。工业文明是技术创新的成果，是农业技术为工业技术取代的成果。工业技术创新使整个社会发生了翻天覆地的变化。首先，科学技术的发展使生产力获得了极大提高,"资产阶级在它的不到一百年的阶级统治中所创造的生产力,比过去一切世代创造的全部生产力还要多,还要大。自然力的征服,机器的采用,化学在工业和农业中的应用,轮船的行驶,铁路的通行,电报的使用,整个整个大陆的开垦,河川的通航,仿佛用法术从地下呼唤出来的大量人口,——过去哪一个世纪料想到在社会劳动里蕴藏有这样的生产力呢?"❶

第二,拥有先进工业技术的国家,对自然的"征服力"最为强大,对其他国家的征服力也就最为强大。依靠工厂生产出来的尖船利炮把商品武力强送到"落后"国家(不管这个国家的政治是如何祥和,人民生活是如何安宁,只要缺乏先进的工业技术,就是这个时代的"挨打"对象),再把这些国家的资源掠夺回本土。他们是这个世界的霸主。农业文明时代依靠优越的自然条件和农耕技术就成为"万国来朝"的大国的时代一去不复返了!大不列颠帝国的旗帜几乎插满整个地球,成为世界上唯一的"日不落"帝国就是凭借其工业革命爆发出的工业巨大力量。

第三,工业技术一方面在给人类社会带来巨大效益的同时,也带来了一些负面效应。恩格斯指出,"不要过分陶醉于我们人类对自然界的胜利。对于每一次这样的胜利,自然界都对我们进行报复。每一次胜利,起初确实取得了我们预期的结果,但是往后和再往后却发生了完全不同的、出乎预料的影响,常常把最初的结果又消除了"。❷工业文明在生产力发展的同时,又在一定程度上破坏了生产力;在创造美好生活的同时,又在一定程度上毁坏了人类的生活;在"征服"自然的同时,又在一定程度上被自然报复:人口爆炸性增长,对自然资源掠夺性开发,导致全球性资源短缺。煤炭、石油、金属矿藏等不可再生资源已快耗用殆尽,水资源危机、

❶ 马克思恩格斯选集 [M]. 第 1 卷. 北京:人民出版社,1995:277.
❷ 马克思恩格斯选集 [M]. 第 4 卷. 北京:人民出版社,1995:383.

森林惨遭毁灭、沙漠化程度加剧、物种不断减少、自然界可供人类利用的动植物资源濒临灭绝。人类的生产力将难于为继。工业文明造成了对环境的严重污染和严重破坏。工业文明的重利拜金主义还导致人类道德衰退，人们的精神田园遭受虐待。

工业文明取代农业文明的过程再一次让我们看到根本性的技术创新引发生产力飞跃性的发展，导致社会各个方面的巨大变化，甚至重构了整个社会。

工业文明是利大弊也大的文明形式。它推动了人类社会生产力的惊人发展，为人类社会提供了异常丰富的财富，但也带来了一些工业文明自身不可克服的难题。人类要继续生活下去，就必须扬弃工业文明：克服工业技术的弊端，提升技术的生态价值，确保人类社会的永续发展。辩证法说明事物的发展是螺旋式的上升运动，工业文明相对于农业文明是进步，但它必然内含新的否定因素，这就是工业文明在取代农业文明对文明进化的同时对生态的破坏，这种破坏阻碍人类文明继续进步，必然通过现代技术创新克服工业技术的弊端，引导人类社会走向生态文明来实现这种螺旋式的发展。

二、现代技术创新引导人类社会走向生态文明

就像历史一样，每次技术样式的深刻转型都伴随着人类社会结构和世界图景的改变，现代技术创新也将深刻地改变人类的社会生活，引导人类社会走向生态文明。这是由于工业技术的双刃性和生态技术的出现而决定的。

第一，资源不足的国家在工业技术时代很快将面临资源困境，只有通过技术创新，突破资源难题，走生态化道路方可持续发展。否则，必然衰落。因为不可再生资源的日益枯竭是工业文明的发展

方式不可解决的矛盾。老牌的工业化国家英国，在海外殖民地丧失后，也丧失了从他国掠取资源和行销产品的特权，无可奈何的衰落了。日本的产业则大量外移，日本面临"空心化"的危险，大和民族精神将接受考验，移居海外的日本人是把利润带回国内支持日本的繁荣还是就在他乡乐不思蜀？当然，每个国家资源不足时都会想到从外国进口。但是，世界资源也是有限的，资源拥有国也会拥趸自重，以资源为筹码迫使进口国付出更高的代价。就像今天的石油输出国以石油为武器一样。所以，世界的产业结构总体上正在向高技术含量、低消耗、无公害、无污染的生态化方向演进。这种演进正是技术创新的结果。

依靠大量消耗（包括外卖）资源的国家，资源终会枯竭，那时将因为"缺粮"而面黄肌瘦。中国正在和时间赛跑，能否在资源消耗完之前实现产业的升级换代或找到新的替代资源或具备掌控世界资源的绝对实力将确定中国在未来世界的地位。也有人指出，市场也是一个巨大的资源，生态文明也需要商品的生产和销售，高消费的美国和十三亿人口的中国都拥有巨大的市场，这在商品经济的任何时代都是巨大的力量。但无论如何，实现技术创新，使物质生产的资源、能源消耗降低并实现循环、可持续，才是长久之计。美国的产业升级换代策略是正确的，依靠知识经济的力量，大规模地技术创新，发展生态技术，将继续做未来世界的大国。

第二，工业文明带来的环境污染、生态破坏是工业文明自身无法解决的，只有创新环保技术，发展环保生产，走生态文明之路才能带领人类走向未来。环境是未来世界的决定性因素，而传统工业技术对环境的破坏是巨大的，只有走技术创新的道路进入生态文明的时代，才能实现人与自然的和谐、持续发展。工农业生产严重破坏了生态环境的国家将面临灭顶之灾。气候恶化、土壤破坏、水体污染将使农业颗粒无收；加之空气污染，会使该国居民生命健康遭受严重摧残。人们会选择迁移（如果条件允许的话），否则举国皆病的高额医疗费也会拖垮这个国家。过度采伐资源以出口换外汇的国家，依靠发达国家转移的污染工业挣钱的国家将尝到苦果。美国的高消费也产生了巨量的垃圾，但他们出口垃圾，嫁祸于人。将来美国人若不能改变生活习惯，一旦进口洋垃圾的国家醒悟过来后，美国也将面临危机。俄罗斯拥有丰富的资源，良好的生态环境，人口素质也高，具有未来世界大国的实力。中国的环境正面临考验，能否现在遏制住环境继续恶化的趋势并逐渐治理好，关乎前途命运。所以，当今世界正在技术创新的牵引下走向生态文明的道路。

第三，工业文明的生活方式扭曲着人性，人类要自由而全面的发展就必须扬弃工业文明里重利、重物质、重感官享受的生活方式，倡导绿色消费、和谐生活。生态文明时代人们将该改变生活模式，这也需要技术创新的支撑。混凝土建筑密集的地方不再是人们乐于生活居住的地方，青山绿水鸟语花香的原生态是人们向往的地方。拥有环境资源的国度将吸引人才的迁移并将拥有发达的旅游度假经济。人们将放弃一些高污染的生活享受，如减少塑料器具的使用，减少燃油汽车的行驶，拒绝农药化肥污染的食物等。人类也将在道德伦理上回归。拜金主义漠视人间情谊的思想将回复到见利而不忘义的传统价值。传统文化的精神价值将恢复其影响力。而这种回归绝不可能是倒退回原始的小国寡民的蒙昧时代，放弃一切工业技术，而是在扬弃工业技术的前提下，大力技术创新，实现生活质量的全面提高，享受生态文明。

当代生态危机具有全球性特点，生产、消费、污染、治理都全球化了，解决当代生态危机问题必须要不同社会制度、不同民族和不同国家的人民长期共同努力与相互合作。生态问题关乎每个人的身心健康，因此民众参与政治的趋势将加强，绿色和平组织的力量会持续壮大，绿色运动会成为世界性的平民参政。在这种趋势下要求人们把人与自然的关系同人与人的关系统一起来，把全人类的利益与阶级利益和民族利益结合起来。依靠战争武力来解决世界问题的方式将越来越为世界人民所抛弃。世界的政治图景将发生变化，游离于国际社会之外的国家将不能独善其身。实现国际社会的和谐协同需要全球化的政治理念，更需要全新的技术来实现它。例如，对全球污染源的监控和及时的全球协同治理需要建立世界性的技术平台，而不是简单的国家内的技术平台。这需要技术再向前一步。

所以，决定生态文明时代国家强弱的根本依然是科学技术。工业技术推进的工业文明是生态遭受破坏的罪魁祸首，但"科学是一种强有力的工具。怎样用它，究竟是给人带来幸福还是带来灾难，全取决于人自己，而不取决于工具。刀子在人类生活上是有用的，但它也能用来杀人"。❶依靠先进的科学技术掌握了资源能源替代方案或实现了产业升级换代而且社会管理技术成熟的国家是生态文明世界的当然强者。只是工业发达而不能完成这个转化的国家将会被文明演化的大趋势所吞噬；工业文明的落后国家只要能抓住生态文明进化的趋势，也能成为生态文明的大国，就像当年工业革命造就工业大国一样。

三、中国要抓住生态技术创新的机会

中国是农业文明的大国，在工业文明里是挨打的对象，现在要抓住生态文明的先机，在未来世界作生态文明的大国。

我们的文化里有着生态文明的基因。《吕氏春秋·十二世》记载古代天子每个月初都要颁布一些敕令以保护生态，中国传统文化充满了人对自然的崇拜与赞美，生态意识贯穿于许多有影响的中国古代思想家的理论体系中。中国人民一向都具有简朴生活，节约资

❶【美】爱因斯坦文集：第3卷[M]. 北京：商务印书馆，1979：56.

源，爱护环境的美德。

我国是社会主义国家，马克思早已指出："人靠自然界生活。这就是说，自然界是人为了不致死亡而必然与之不断交往的、人的身体。所谓人的肉体生活和精神生活同自然界相联系，也就等于说自然界同自身相联系，因为人是自然界的一部分"。[1]"人直接地是自然存在物"。[2]社会主义的生态思想以及全人类共同解放的主张，为解决不同国家之间，不同阶层的人之间的生态资源的矛盾提供了最终解决的可能。

我国已经有了深刻的教训。我们960万平方公里的国土，在1949年之前就已经有1/3天然不可居住了。这是两千多年来多次人口的迁徙和几次大屯垦过度造成的，一次在秦汉、一次在宋元、一次在明清。美丽的楼兰古国就是因为生态恶化而淹没于尘沙的！我国现在正面临极其严重的生态问题。非典、禽流感、黄河断流、月牙泉面临枯涸、每年频发水灾旱灾、黄河长江水土流失、沙尘暴、土地沙化退化、物种灭绝、粮食蔬菜水果中的化学残留……何以胜数！党、政府和人民群众都已经认识到了生态问题。党的十六届三中全会提出"坚持以人为本，树立全面、协调、可持续的发展观，促进经济社会和人的全面发展"的科学发展观。党的十六届六中全会通过的《中共中央关于构建社会主义和谐社会若干重大问题的决定》明确要求，"加强环境治理保护，促进人与自然相和谐""加快建设资源节约型、环境友好型社会"。人民群众的生态意识也迅速苏醒。

但是，我国人口负担沉重，总体不富裕，科技落后于人，所以我们做了"第一外资引进国"和"世界加工厂"。然而，截止到2007年，我国单位GDP能耗远高于发达国家，我们的化学需氧量

---

[1] 马克思恩格斯全集 [M]. 第42卷. 北京：人民出版社，1979；95.

[2] 马克思恩格斯全集 [M]. 第42卷. 北京：人民出版社，1979；167.

是全世界第一，二氧化硫排放量是全世界第一，碳排放量是全世界第二，十年以后第一。中国的煤炭、石油、钢等能源消耗全世界第一，建材消耗全世界第一，原材料进口全世界第一。如果我们不抓紧技术创新，不尽快走上生态文明的道路，在我们的经济还没有真正发展起来的时候，我们的资源就可能已经先消耗殆尽了，环境已经先崩溃了！

因此，控制人口数量，建设先进文化，发展科学技术，改变经济发展模式，贯彻科学发展观建设和谐社会十分紧迫。而这些复杂的问题中，最根本的是技术创新！技术创新是解决问题的关键。工业文明的弊端来源于工业技术的双刃性，生态文明的实现依赖于生态技术对工业技术副作用的克服。技术创新将实现这个目标，并在此基础上克服资源、能源、环境、社会等诸多问题。例如，许多人口学专家认为，中国人口两三亿比较合适，而我们的人口已经有了13亿！现在发达地区（也就是技术先进因而社会发达的地区）的人口形势已有缓解，北京上海的人口出现了负增长。而贫穷的地区，也就是技术落后的地区，是全国生态屏障最重要的地区，人口却增长得最快。生态文明强国的根本在于科学技术。我国缺乏新经济的核心技术，现在不能自主实现产业升级换代，以达到经济增长与生态文明发展同步。中国人的智慧会突破科学技术的瓶颈的！工业文明时代，我们因为科学技术落后已经遭受了百年耻辱，在生态文明兴起的时代，我们决不能在重蹈覆辙。

中国面临着生态文明的机遇和眼前的困难。抓住一个时代的机遇，扬弃工业技术，创新生态技术，才能做未来世界的强者。

第三章 制度创新实践推动 社会交往演化

制度是人类社会生产实践和社会交往实践的直接产物，是为了规范人们在生产实践和交往实践中的关系而形成的规则。制度受社会生产实践和社会交往实践的决定，但对后者又有巨大的反作用。制度创新创造出推动生产实践和交往实践发展的新的社会关系规范，推动了社会关系的进化，从而推动社会的发展。

第一节 制度及其社会功能

就像制度的概念有很多种一样，制度的社会功能也有很多方面。理解了制度的多重社会功能就能更好的理解制度创新对社会发展的动力作用。

一、制度的概念

《辞海》将制度定义为，是指要求组织成员共同遵守的，按一定程序办事的规程。但不同的学者对制度还有不同的定义。

在西方，霍布斯和卢梭主要是从社会契约的意义上来使用制度的，认为制度是契约的条款约束。马克斯·韦伯则认为："一个规范团体行为的制度，应该叫作行政管理。一个规范其他社会行为并保障给行为者们提供通过这种规范所开创的机会的制度，应该叫作调节制度"。❶他把规范性作为制度的本质功能。哈贝马斯从人的交往角度来研究制度，他说："有效的行为协调不是建立在个体行为计划的目的理性力量基础之上的，而是建立在交往行为的理性基础之上；这种交往理性表现在交往共识的前提当中。"❷他认为人的交往过程中，只有通过交往理性才能做到行为协调，因而制度是人们交往过程中的交往理性，用于人际交往的行为协调。老制度经济学派的康芒斯说："如果我们要找出一种普遍的原则，适用于一切所谓属于'制度'的行为，我们可以把制度解释为'集体行动控制个体行动'""集体行动的种类和范围甚广，从无组织的习俗到那许多有组织的所谓'运行中的机构'例如家庭、公司……以及国家。"❸他认为制度行为是"集体行动控制个体行动"，这种控制的机制在于义务规则："义务规则在一种制度的历史上是不断改变的，包括国家和一切私人组织在内，对不同的制度，义务规则不同。它们有时候叫作行为的规则。亚当·斯密把它们叫作课税的原则。最高法院把它们叫作合理的标准，或是合法的程序。可是不管它们与什么不同以及用什么不同的名义，却有这一点相同：它们指出个人能或不能做，必须这样或不这样做，可以做或不可以做的事，有集体行动使其实现。"❹康芒斯认为制度是集体行动控制个

❶【德】马克斯·韦伯. 经济与社会 [M]. 北京：商务印书馆，1997：80.

❷【德】哈贝马斯. 后形而上学思想 [M]. 南京：译林出版社，2001：60.

❸【英】康芒斯. 制度经济学 [M]. 北京：商务印书馆，1962：86.

❹【英】康芒斯. 制度经济学 [M]. 北京：商务印书馆，1962：89.

体行动的一系列行为规则。另一位老制度经济学派的代表人物凡勃伦则认为，"制度实质上就是个人或社会对有关的某些关系或某些作用的一般思想习惯；而生活方式所构成是在某一时期或社会发展的某一阶段通过的制度的综合，因此，从心理学方面来说，可以概括地把它说成是一种流行的精神态度或一种流行的生活理论。"❶新制度经济学派的诺斯解说制度为："制度是一系列被制定出来的规则、守法程序和行为的道德伦理规范，他旨在约束追求主体福利或效用最大化的个人利益行为""制度提供了人类相互影响的框架，它们建立了构成一个社会或确切地说一种经济秩序的合作与竞争的关系"，"制度是为人类设计的、构造着政治、经济和社会相互关系的一系列约束。是人类设计出来的形塑人们互动行为的一系列约束。制度可分为正式制度与非正式制度：非正式制度包括行为准则、伦理规范、风俗习惯和惯例等……它是得到社会认可的行为规范和内心行为标准。正式制度是指人们自觉发现并加以规范化和一系列带有强制性的规则。"❷至此，诺斯的制度定义已经和我们现在使用的制度的含义相当契合了。他指出了制度分为正式制度与非正式制度，既有人为制定的制度，也有人们在"不自觉"中约定俗成的制度，制度的功能在于约束人们的行为，实现社会的有序和利益最大化。

　　我国学者对制度的使用基本沿袭新制度经济学派的定义，一般认为制度指的是规范人的行为的规则，既包括显性的成文制度也包括不成文的制度、甚至潜规则。本书也按此定义来使用制度概念。制度的根本作用是调节人与人的关系。人与人的关系有很多种，所以相应可以把制度分为很多种类，如政治制度、经济制度、文化制

---

❶【美】凡勃伦. 有闲阶级论 [M]. 北京：商务印书馆，1983：139.

❷【美】诺斯. 经济史中的制度变迁 [M]. 上海：上海三联书店、上海人民出版社，1994：225-226.

度、社会制度、科研制度、分配制度、法律制度、工作制度等。人类社会现在已经制度化了，各个方面都受着制度的影响。

二、制度的本质

制度是规范人的行为的规则，根本作用是调节人与人的关系。人与人的关系有很多种，马克思主义哲学认为，生产关系是最基础的人际关系，在生产的基础上发展起人与人之间的丰富多彩的各种关系。因为生产活动是人的第一个历史活动，也是人从事其他活动的基础。人们在物质资料生产过程中必然结成一定的关系，从人类最初的集体狩猎到现代社会生产，离开了社会协作，单独的个人无法进行完整的生产，即使自给自足的小农经济也绝不是完全的一个人生产，男耕女织与盐铁购买也是协作的方式。"人们在生产中不仅影响自然界，而且也相互影响。他们只有以一定的方式共同活动和互相交换其活动，才能进行生产。……只有在这些社会联系和社会关系的范围内，才会有他们对自然界的影响，才会有生产。"❶人们在生产中结成的直接或间接的经济关系就是生产关系。生产关系包括生产资料的所有制形式、人们在生产中的地位及其相互关系（包括交换）和产品的分配方式三个方面的内容。这三个方面都会形成制度予以规范，分别形成生产资料所有制、分工制度、分配制度，合称生产关系制度。一个社会中占统治地位的生产关系各个方面的总和构成经济基础。一定的经济基础也必然形成一定的制度并由这些制度来体现。生产关系制度规范和协调着人们的生产交往关系。

人与人的交往关系在生产关系的基础上发展出更多更复杂的其他交往关系。人类是社会性的高级动物，必须在社会中才能生存，只有一个人的孤独世界只能存在于幻想小说中，现实的人是无法一

---

❶ 马克思恩格斯选集 [M]. 第 1 卷. 北京：人民出版社，1995：344.

个人单独正常生活的。社会生活就必定有交往。交往是人类特有的
存在方式和活动方式。交往始于物质生产活动，又不仅仅存在于物
质生产活动中，它是以物质交往为基础的全部经济、政治、思想文
化交往的总和。"事情是这样的：以一定的方式进行生产活动的一
定的个人，发生一定的社会关系和政治关系"。❶人在生产之余还
有其他的活动，人们在生产关系之上还要结成其他关系。所以，交
往也是人类生活的基础。因此，交往贯穿人类社会的始终。交往产
生交往关系，无论是物质交往还是精神交往，都会产生冲突，交往
关系需要协调。程序化的协调就形成制度，没有制度对交往关系的
协调，人类的交往无法正常进行。

　　在人类发展初级阶段的人的依赖性社会中，人群的生产和生活
活动只是在狭小的范围内和孤立的地点上发展着，交往受血缘关系
和地域关系的限制。人与人之间的交往关系简单而且范围狭窄。在
物的依赖性社会即资本主义社会中，由于商品经济的发展，全球化
的趋势，科学技术的广泛应用，交通和通信的极大发展，打破了血
缘关系和地域关系对人的束缚，在世界范围内形成了普遍的社会物
质交往、全面的关系、各方面的需求以及全面的能力的体系，个人
在一定程度上可以独立地、自由地进行交往。在个人全面发展的社
会即共产主义社会中，全体社会成员共同占有生产资料，劳动者掌
握了丰富的科学知识，使用高度智能化的工具从事生产，人们有充
足的时间进行生活交往，这时，人们之间的真正的自由、平等的普
遍交往将建立起来。随着交往的扩大、深入和复杂化，交往冲突的
可能性随之增大，对制度调节的依赖性就越高。在个人全面发展的
共产主义社会里，人们实现了普遍自由的交往，实现了人的自由而
全面的发展，这时并非就不需要制度的调节了，而是人们能自觉地

---

❶　马克思恩格斯选集 [M]. 第 1 卷. 北京：人民出版社，1995：71.

遵守制度的调节，制度也进化得相当科学和完备了。

交往在社会发展中起着重要作用。交往促进了生产力的发展。交往使得先进的生产工具、生产方式得到传播，使劳动技能得到传承，使生产力内部各要素通过交往形成的社会合作而得到合理结合并发挥出最佳功能。交往还推动社会关系的变革和改善。人与人之间的交往活动，是各种社会关系产生、发展、变革、改善的重要动力和源泉。中国闭关锁国的时候正是社会关系僵化、落后的时候，如清末年；打开国门与世界广泛交往的时候都是社会关系迅速发展进化的时候，如改革开放以来的新时代。交往还是科学文化继承和发展的重要途径。科学文化的代际纵向传承以及地域横向交流，都必须依赖交往实现。交往更有利于社会中每个个人的发展。在交往中，每个人都可以用别人创造的物质文化和精神文化成果充实自己，使自身得到发展。孤陋寡闻，井底之蛙，夜郎自大是不能发展的。

但是，交往并非自发良性发展。相反，人们在交往过程中会产生许多矛盾和冲突，如果处理不好，就会造成负面结果。因此，人与人之间的交往关系需要调节和规范。制度的根本作用就是调节人与人之间的交往关系，促进交往的良性发展，从而保障社会的有序发展。

当然，制度对交往关系的不同调节会产生不同的结果。例如，是采用闭关锁国的制度还是全面开放的制度，直接在社会生产、生活中显示出对交往的阻碍或是促进效果来。制度通过限制或促进交往主体的活动范围、活动方式、活动内容而对主体的交往起阻碍或是促进的作用。制度还通过限制或促进交往客体——物质或精神产物的流通而对交往起阻碍或是促进的作用。例如，禁止或放开公民出国，禁止或允许国际物品流通、思想文化交流的不同制度对交往有截然不同的效果。总体上来说，制度对交往关系的调节效果是促进了交往的发展。这不仅因为社会演进的总体趋势是前进的，不合适的制度会被历史进步的车轮所突破；还因为交往反过来也会促进制度的进步，先进制度推进了交往进一步的发展。交往开阔了人们的视野，提高了人们的认识；让人们看到了不同主体的更多的制度，为人们提供了更多的制度选择；交往促进了生产水平的提高和物质的丰富，为制度的进化提供了物质基础。俄国的彼得大帝游历西方看到西方社会的先进，回国改革国家制度并从西方引进人才、技术、物资、思想，使弱小的莫斯科公国崛起为强大的沙皇帝国。

因此，制度和交往是互相促进的。二者互相促进的过程通常是交往关系发展到一定程度，就建立起相应的制度与之相适应。刚刚建立起的与一定交往关系相适应的制度对交往关系的调节是合适有效的，将促进这种交往关系的成长与发展。人与人的交往持续向前发展，交往关系也就向前发展或出现新的交往关系，原有制度不能适应，制度调整就会发生，从而适应交往关系的进化。也有制度在新知识的指引下主动创新，牵引交往关系向前进化的情况。人为主动建立的制度也有不适应当时交往关系状况的情况，制度调整也会随后发生，以适应、促进交往关系的发展。

不过，人类社会的交往总是不断扩大、不断深入，从地域到内容到方式，这是根本的趋势，即人类的交往实践处在持续的创新之中。常规性的社会交往实践，具有维持社会的正常秩序、保证生产实践正常进行的功能，是社会发展不可缺少的条件。但社会的发展出现新的情况时，靠常规性的社会交往实践就不能适应社会的发展，这就提出了制度创新问题。现在全球化的趋势更显著，交往迅速发展。制度在总体上适应了交往的发展，并通过制度创新推进了交往的发展。

制度和其影响的对象之间是互相作用的关系。制度影响它们，他们反过来也影响制度。制度安排影响着生产交往关系、生活交往关系和其他交往关系，而随着生产交往关系、生活交往关系和其他交往关系的变化发展，必然牵动制度向前变化发展，这是显而易见的事实。

必须指出的是，制度是规范人的行为的规则，根本作用是调节人与人之间的关系，但不仅仅调节人与人之间的关系。因为人的行为不仅仅发生在人与人的交往之间，还发生在人与其他客体之间。例如在生产工具的使用中有许多操作规则，在生产程序中也有很多技术规则来确保正确使用生产机具和确保正确的程序从而提高工效、防止故障和窝工。这些规则对人的行为的规范作用也是十分必要的。例如驾驶运输汽车，就要遵守驾驶守则和交通规则，否则就会发生事故。又如在现代化的协作生产体系中（比如工厂流水线），如果不按照标准程序进行，或者程序设定不科学，工效就不能最大化。在这里，制度的含义已经扩大了，制度规范不仅调节人与人的关系，还调节人与其他对象的关系。这些关系最终会影响人与人之间的关系：交通事故必然造成人的损失；工效低必然导致人的收入低。

其实，整个现代社会都制度化了，制度对社会发展的作用还表现在社会生活的其他多个方面。例如，教育制度影响着教育的发展，科研制度影响着科研创新，文化制度影响着文化的活力……社会生活的各个方面都建立起了制度，制度影响着社会的各个方面。

三、制度的社会功能

制度的社会功能在本质上是制度对社会关系的调控，是制度对交往关系的调节作用的社会表现，具体表现在多个方面：

首先，制度对社会因素具有整合的功能，它借助自身确立的社会关系和意识形态传播，把分散的彼此互不相识的个人集合在一起，把不同的生产方式、生活方式、思维方式规范成协调状态。没有制度的整合，社会不是一盘散沙就是冲突不断，不能正常发展。通过制度的整合，社会因素才协调起来，并且得到合力倍增的效果。因此，制度是社会发展最具影响力的一个因素，是社会发展由可能到现实的中介桥梁。当然，制度对社会因素的不同整合方式会起到不同的作用。例如沃尔玛、联邦快递、戴尔、亚马逊和思科等成功的大公司已经成长为世界领头羊，它们采取的方法不是掌握大量的物理、化学或分子生物学方面的知识，而是利用崭新的方式来变革人类的工作和组织实践，用新的创意按照新的方式组合了市场、技术、产品、服务等因素。支持这些公司的新创意和新概念与近半个世纪以来支持通用汽车、杜邦和通用电气成长的自然科学和工程学基础研究成果一样重要。但是，这两代公司的创新却有着根本的区别：老一代公司依靠技术创新，新一代公司依靠制度创新。

对于广大的发展中国家而言，由于种种历史的原因和国情的制约，普遍存在着制度和体制缺陷，技术进步、经济增长和社会发展因此缺乏动力和保障机制，制度性障碍和体制性障碍就成为社会进步的"瓶颈"。在这种情况下，要想使经济社会发展冲破制度和体制的瓶颈制约又好又快的前进，就必须通过制度创新打破和重构旧有的不符合生产力发展和生产关系进步的制度和体制。由此，制度创新就成为这些国家发展的发动机。对于一些企业而言，其基本制度和管理运营体制的创新，也已经成为促生技术创新和增强企业竞争力的直接动因。制度创新理论认为，制度创新是指对现存制度安排的变革，其目的和基本功能是使关系趋于高效合理，从而为提高生产力创新的效率和水平提供动力和保障；新制度经济学家刘易斯指出，决定经济增长的直接原因是观念和制度；诺斯也认为，社会的知识存量和资源禀赋决定了生产率和产出量的技术上限，有效率

的制度像技术进步一样会导致报酬递增。❶

第二，制度调节了人与人之间的利益矛盾和思想争端，使社会有序，提高了社会工效，降低了社会运行的风险和成本。制度从本质上来说，是使社会关系中的利益矛盾和思想争端建立起了一套较稳定、系统的解决机制。矛盾是社会不可避免的现象，但若不能正常解决，社会就不能正常发展。社会成员在占有资源与分配利益的活动中，必然会产生冲突；在思想认识层面也会有冲突。不仅个体成员如此，个体组成的各个层次上的群体，如家庭、家族、民族、企事业单位、国家等，也是如此。这样这个社会就有无数相互交错的利益、思想关系，如果不加以协调，社会必然混乱不堪。制度安排使社会发展成为可能。当社会矛盾处于非对抗性状态时，不论是调整生产关系和上层建筑的矛盾，还是人类交往的利益矛盾，都可以通过做出新的制度安排来化解社会矛盾。预先设计的正确制度还可以避免矛盾的产生。制度避免了社会因矛盾而混乱的可能。制度就是安排了一系列的规则，使社会和谐有序，避免陷入纷争和混乱。规则有序的状态下，社会功效就能最大化；社会一旦陷入纷争和混乱中，社会运行的成本就大大增加，因为很多成果都被破坏了，甚至建立不起来或要花费更大的代价才能建立起来。例如，在世界资源危机和生态危机的解决中，正是由于世界各国政府以及非政府民间组织，在不断的利益冲突和思想交锋中最后做出了制度性对策，制定了相关的法律法规、协商应对机制，才使得全世界携手共同应对人类共同面临的危机。1972 年以来，国际社会围绕可持续发展问题接连召开重大会议，签署并通过了《里约宣言》《21 世纪宣言》《东京议定书》等一系列重大文件，直接推动了在破解人类资源和环境危机方面的国际合作与行动。如果没有这些制度性的

---

❶ 陈力. 创新实践论 [D]. 中央党校博士论文，2007：128.

安排，人类就不可能携手行动，而是各自为政，甚至矛盾争端四起，人类面临的难题就无法破解。这些制度、机制的建立，是调整和优化产业结构、转变生产力发展和经济增长模式，引导国家、企业和个人在规范的制约下自觉珍惜资源、保护环境的直接动力，也是引导技术和知识创新向着开发新能源、促进人与环境和谐发展的方向努力的制度保障和直接动力。

第三，制度具有约束与激励功能。制度就是规范，是用来约束人的行为的。在规范许可之内，人的行为得到认可，反之则受到惩戒。社会各个层级都有相应的规范来约束人们的行为，一方面调节冲突，使利益和思想协调；另一方面使社会有序而提高社会工效并降低社会运行的成本。如果没有制度的约束，社会就会陷入一种无序和混乱的状态。因此，要使社会良性运转，就需要合理的制度来约束社会主体的行为活动。制度包含着一系列的奖罚规则，它通过提倡什么或反对什么，奖励什么或惩罚什么来引导人们行为的方向，改变人们的偏好，影响人们的选择。奖罚制度是对人与人之间交往的定向激励，正如诺斯所说："制度构造了人们在政治、社会和经济方面发生交往的激励结构。"❶

第四，制度还对人的成长有塑造作用。制度创新推进了生产关系、生活关系和其他人际关系的发展，从而推进了整个社会关系的发展。社会关系对人类社会和个人的成长有重要影响。"人的本质并不是单个人所固有的抽象物，在其现实性上，它是一切社会关系的总和。"❷马克思的这一论述说明人的本质由现实的社会关系所决定，并随着社会关系的变化、发展而变化、发展。而人的社会关系，受国家的政治制度、经济制度、文化制度等显性制度所制约，也受民族传统习惯和社会思维定势等"隐性制度"的影响。在社会

❶【美】诺斯. 制度、制度变迁与经济绩效 [M]. 上海：三联书店，1994：3.

❷　马克思恩格斯选集：第 1 卷 [M]. 北京：人民出版社，1995：60.

制度基本与当时的社会状况相适合的前提下，有什么样的制度就会塑造什么样的人。制度与人的发展之间的关系非常密切，人的发展作用于制度的同时，制度也作用于人的发展。一定历史条件下的人，首先生活在具体的制度环境中，以具体的制度环境作为自己活动的范围。人一来到世界上就生活在一定的制度环境下，这是不可选择的。制度正是在这个意义上对人的发展发生着作用。制度对人的发展具有规范性的作用。既定的制度对人怎样活动，已经做出了种种安排，对人的权利与义务、自由与秩序，也做出了各种规定。因而，一般说来，特定历史条件下的人的发展都不能不受到既定制度的影响和规定，也就是说，既定制度赋予人的发展一定的社会历史条件。完善的制度对人的发展具有保障和促进作用，坏的制度阻碍人的发展。当社会制度与当时的社会状况不相适合时，将会被改造。但人们对旧制度的改造和新制度的创造都不可避免地受到他们成长其中的制度的影响。

　　社会管理的理论和实践都是把对人性的假定作为制定制度的前提和依据。中国儒家持人性善的观点，所以主张德治，建立激励人善根的制度；法家认为人性恶，主张法治，要用严刑峻法来控制人的恶性。空想社会主义者莫尔在《乌托邦》一书中，认为人是有条件的善：如果有适当的条件，人会向好的方向发展。所以，当社会产品极大丰富时，就不用担心有人的所求超出自己的所需。他在书中设想实现财产公有，进行有计划的生产和分配，人们自觉地各尽所能、各取所需。另一位空想社会主义者康帕内拉则认为人性有善有恶，人有好的一面也有坏的一面，人的贪欲是无法消除的，因此，要进行监督以控制人的贪欲，保证社会秩序正常运行。在不同人性假定前提下制定的不同制度对人的塑造效果也就不同。儒文化教化出来的人尊礼谦让，法家则把秦国的部队训练成了"虎狼之师"。

第五，制度对社会具有稳定功能，制度使社会发展的成果稳定下来。社会在不停地发展，社会关系在不停地变化。但是，世界是变化与稳定的复合体。没有变化就没有发展；同样，没有稳定也就没有发展。这是稳定与变化的辩证法。社会发展的新成果需要新的制度把它稳定下来，为社会生活及其进一步的创新发展提供新的秩序条件，提高创新实践及其运行的效率，强化社会进步的制度保障。

第二节　制度创新实践对社会交往的推动

理解制度的社会功能是为了更进一步研究和把握制度创新对社会发展的动力作用。制度创新适应了社会关系的变化，推动了社会交往的进化，从而推动了社会其他层面的发展。制度创新实践是处理社会交往实践的高级形式，是制度创新的现实展开和对社会的实践改造。

一、制度创新的社会功能

当社会关系的情况发生变化时，原有的社会制度就逐渐地由最初的与社会关系相协调而变得越来越不能适应和满足新的社会关系的情况了。这时，对旧制度进行改革和创新的需求就产生了，"举国上下，皆言变法"的局面就会出现。制度创新的第二种情况是随着主体实践能力和认识水平的提高，制度创新主体主动按照经济社会发展的需要创新出新的制度，能较既有制度更好地促进社会关系的发展。制度创新一定要带来更好的效果，否则制度变革就是乱变，就会出现"改良改良，越改越凉"的不堪局面，而不是制度创新。

　　制度经济学派的诺斯从经济学角度认为，制度创新是使创新者获得追加利益的现存制度安排的一种变革。制度之所以会被创新，是因为创新会带来更大的收益，而这些收益在现存的制度安排下是无法实现的，只有通过制度创新。❶诺斯从经济学的角度深刻指明了制度创新的价值性：新制度会带来更大收益。所有创新都具有价值性，都能带来更大的价值（当然不仅仅是诺斯所说的经济价值），制度创新也是如此。管理学认为，制度创新是采用新的规范，它通过改进组织形式、管理和行为规则来实现。管理学说明了制度创新的内容和渠道：改进组织形式和规则。经典马克思主义指出了制度创新的深刻根源在于生产力的发展要求。马克思主义认为，制度是包括生产关系和上层建筑在内的社会经济关系的总和，在阶级社会，它代表统治阶级利益，为维护统治阶级的统治、实现统治阶级利益的最大化服务。一定的社会经济制度是由社会生产力的发展水平决定的，反过来，制度又是影响经济科技发展的最重要的因素。在社会发展过程中，那些不适应生产力的发展要求、阻碍生产力发展的制度将被符合社会生产力发展趋势，有利于生产力发展的制度不断扬弃和代替。这个过程就是制度创新的过程。

　　本书认为，制度创新就是采用新制度以适应和促进社会交往关系的发展。制度创新作为社会交往实践的高级形式，就是着眼于解决生产力与生产关系、经济基础与上层建筑矛盾的实践活动，通过制度创新破除不适应生产力发展需要的特定的生产关系和上层建筑，建立能够促进生产力发展的生产关系和上层建筑，解放和发展生产力。

　　一般来说，制度影响着社会的状态，制度创新则是采用新的制

---

❶【美】诺斯. 西方世界的兴起 [M]. 北京：华夏出版社，1988：19.

度以解除旧制度的束缚，适应社会状态的进化；或者在先进思想理论的指导下主动创新制度，用新制度的牵引力量推动社会状态的进化。

首先，制度创新从本质上讲，是对社会关系规范的创新，从而适应或推动了社会关系的发展。社会关系是主体在社会交往中形成的关系。主体之间的交往最基础的是生产交往，相应形成了生产关系；在生产交往的基础上发展起生活交往、学习交往等，形成生产关系以外的其他交往关系。这些交往关系不仅受生产基础的制约，更直接受上层建筑制约。政治上层建筑的制约是有形的，意识形态的制约在人的内心起作用。

根据马克思主义哲学原理，生产关系的调整有三种基本形式：社会革命、体制改革、生产关系的局部调整。要促进先进生产力的发展，必须在生产关系方面做出这样的调整：建立合理的基本经济制度（所有制）；确立合理的分配制度；建立合理的经济运行方式。生产关系的这些变革都涉及制度的改变。社会革命是社会制度的根本性变革，体制改革则是制度在根本性质不变的前提下的改革，生产关系的局部调整是局部制度的调整。对于经济制度、分配制度和经济运行方式的调整就是制度在这些领域的创新。

在社会的其他交往关系领域，制度创新也深刻推动了社会交往的发展。上层建筑的进化既体现为制度的进化，也是制度创新的结果。一方面，上层建筑进化必然要求新的制度与之匹配；另一方面，创新的制度牵引上层建筑向前发展。在原始社会，人与人之间交往贫乏，只是在非常有限的范围内（包括内容、形式、地域）展开，人们主要依靠血缘关系、习俗与道德的自发调节而平等相处。随着社会的发展，人与人之间的交往范围也不断扩大，社会进入了奴隶社会、封建社会，发展起了严格的社会等级制度。社会等级制度似乎是对社会交往关系的退化。但是，在当时的社会物质和精神条件下，等级制度促进了社会的发展：统治阶级依靠对被统治阶级的剥削而从生产劳动中解脱出来，从而有条件进行精神生产和扩大交往。可以说，等级社会是在社会产品不丰富时，以牺牲一部分人的发展为代价换取另一小部分人的发展。这在当时低下的生产力水平下是一种无奈的选择：它避免了整体性的低下。因此，可以说，奴隶社会、封建社会的上层建筑依然是在当时生产力和生产关系水平下的正确形式，是社会的进化与发展，也在当时促进了社会继续向前发展。当然，剥削和压迫是对人性价值的悖逆。随着工业的出现和发展，资本主义制度产生，使得国家与民族之间的闭关自守被打破，普遍的交往与交易成为世界趋势，人不再束缚在狭窄的范围上，全球化势不可挡。相应的资本主义上层建筑也突破了封建主义的阻挠而建立起来，大大推进了资本主义社会的全面发展。很难想象，只有资本主义的生产而没有资本主义的上层建筑与之相应，资本主义社会能够全面建立。但资本主义制度建立在重视经济利益和经济生产的严格等级的前提下，人处在社会关系和物化的双重压迫下。只有共产主义制度（社会主义制度是其初级形式）才能扬弃资本主义制度，树立全面、自由交往的理念，建立全面、协调、平等、自由的社会制度，实现真正自由、全面和普遍的交往。

第二，制度创新促进人的自由与发展。相应的制度塑造相应的人，制度创新则使人的成长环境优化，推动人的自由与发展。人生活在社会之网中，社会的制度安排确定了个人的社会生活环境。从人类发展的趋势看，人类社会的制度进化必然带来了人的自由和发展程度的提高。人要在社会中获得自由，从根本上讲就是要最终消除人对人的剥削关系、压迫关系和统治关系，这要改变社会的生产关系根本制度；人要在社会中获得自由，从具体的方面讲，就是合理解决人与人的矛盾，这需要具体的经济、社会、文化制度的规约。制度的本质功能是协调和规范社会关系，而"人的本质并不是单个人所固有的抽象物。在其现实性上，他是一切社会关系的总和。"所以，制度和制度创新的重要作用就是影响和促进人的发展。只有与人的发展相适应，社会制度的存在才具有内在的合理性。因此，人的发展的具体状况直接影响制约着制度的性质、特征，人的发展也是制度安排与创新的重要前提和依据。一方面，人处在持续的进化发展中，因此，制度必须持续创新才能适应和促进人的发展。另一方面，"人创造环境，同样，环境也创造人"。反过来，发展的人必然有更高的理论、智慧和实践能力创新出更先进的制度。从历史总体来看，最初人处在自发的"制度"下，进而人能够自觉地不停地进行制度创新，新制度进一步推进了人的发展。

第三，制度创新促进了社会转型。社会的面貌是由一系列的社会制度体现和控制的。社会的文化状态、经济状态、政治状态、生活状态等是由其文化制度、经济制度、政治制度、生活制度等来体现和控制的。社会相应制度的改变必然影响社会相应层面的改变，社会一系列制度的改变必然预示一系列社会层面的改变。现阶段，我国正处于由传统社会走向现代社会的转型之中，社会转型必须有深刻的制度转型来保障和实现。制度转型也是社会转型的重要内容和实现方式，成为社会转型的现实表征。制度创新既促进了社会转型，也是社会转型的必然要求。社会转型的要求拉动了制度创新。因为，社会转型需要制度创新，而随着社会转型的实现，也为社会的持续发展创造出了一个良好的制度环境。

第四，制度创新还促进了人与自然矛盾的解决，良化了人与自然的关系。制度不仅有规范人与人的关系的内容，也有规范人与自然关系的内容。例如《吕氏春秋·十二世》记载古代天子每个月初都要颁布一些敕令：正月"乃修祭典，命祀山林川泽牺牲无用牝，禁止伐木，无覆巢，无杀孩虫胎夭飞鸟"；二月"无竭川泽无漉陂池，无焚山林"；三月"时雨将降，下水上腾，循行国邑，周视原野，修利堤防，导达沟渎，开通道路，无有障塞，田猎毕弋，四且罘罗网，喂兽之药，无出九门"。四月"继长增高……无伐大树"；五月"令民无刈蓝以染，无烧炭，无暴市"；六月"树木方盛，乃命虞人，入山行木无或斩伐"；七月"命百官，始收敛，完堤防，谨壅塞，以备水潦"；八月"命有司趣民收敛，务蓄莱，多积聚"；九月"草木落黄乃伐薪为炭。蛰虫咸俯在穴，皆土墐其户"；十月"乃命水虞渔师始收水泉池泽之赋"；十一月"有能取疏食田猎禽兽者，野虞教导之，其有侵夺者，罪之不赦"；十二月"命渔师始渔……天子乃与卿大夫饬国典，论时令，以待来岁之宜"。❶天子的这些敕令就是当时的制度，保护了自然，协调了人与自然的关系。

另外，人与自然矛盾的解决也离不开社会问题的解决。制度创新解决了社会矛盾也就相当程度解决了人与自然的矛盾。人类对自然的掠夺和破坏很大程度上是由于社会矛盾引起的。生态不公平是破坏生态自然的根源所在。砍伐森林变卖钱财者可以用破坏森林得到的钱币购买风景秀丽豪华的别墅，继续享受树木的郁郁葱葱，他们不用为人与自然的矛盾付出代价，只是享受着变卖自然的收益。而贫苦人群没有享受自然资源的效益，却在耐受强势群体破坏自然的代价。如果人与人真正平等了，这样的生态剥削和压迫也就不会有了。

只有通过制度创新进一步规范人与人之间的平等关系，实现经济、政治、文化、生态等的全面平等；进一步进行人与自然关系制度的创新，才能促进人与自然矛盾的解决。

第五，制度创新对社会发展具有导向作用。例如通过更恰当的制度安排，给予各创新主体更大的自主性、更大的支持以及给予创

---

❶ 吕不韦. 诸子集成卷二：吕氏春秋 [M]. 长春：北方妇女儿童出版社，2003：242.

新成果更大的效益，就会促发创新。制度创新还可以优化资源的配置和有效利用，更好地协调资源矛盾，从而引导资源向制度指引的方向集中。制度创新还可以促使资源的生产、分配、流动和扩散在更规范更高效的轨道上进行，从而指引社会发展的方向。

总体说来，制度创新直接或间接地促进了社会关系的进化，后者又反过来为制度创新提供了拉力和助力，二者的互动促进了社会发展。例如我国的改革开放就是制度的变迁与社会发展的互动。当中国自觉到要进行改革的时候，首先做的就是形成改革的共识，而这时旧的宣传、思想、文化制度僵化着一些人的认识。邓小平同志首先发动真理标准问题的讨论，改革文化宣传体制。在新体制的作用下，引导人们从不合时宜的观念、做法和体制的束缚中解放出来，从对马克思主义的错误的和教条式的理解中解放出来，主观主义和形而上学的桎梏中解放出来。接着根据解放和发展生产力的要求，坚持和完善公有制为主体、多种所有制经济共同发展的社会主义基本经济制度。在经济改革取得成效后，开始了政治改革，社会改革。这些改革一方面是社会发展的需要促使制度的改革，另一方面是制度的改革促进了社会的发展。

制度创新在现代社会越来越成为社会交往发展的动力。因为在社会交往中形成的社会关系总是在变化的。马克思指出，"各个人借以进行社会生产的关系，即社会生产关系，是随着物质生产资料、生产力的变化而变化和改变的"。[1] 这种改变必然促使制度的改变。因为制度总是建立在一定的现实基础上，是由生产决定的，并且因生产资料的不同性质而表现为不同的形式，是与一定阶段的生产力发展水平和交往实践的发展程度相一致的。社会交往实践（包括生产交往实践）的发展，内在地要求制度不断做出调整、变

---

❶ 马克思恩格斯选集 [M]. 第 1 卷. 北京：人民出版社，1995：345.

革与创新，在化解生产关系与生产力、上层建筑与经济基础的矛盾运动中，推动经济社会的持续进步。制度是社会交往实践的产物，同时又反过来影响社会交往实践。但是这一辩证关系既不是静止不变的，也不可能在固定不变的层次上简单循环。

二、制度创新推动社会交往发展的现代特征

制度创新对社会交往发展的推动作用在现代社会呈现出深刻化、加速化、全面化、常态化的特征。

首先，制度创新对社会发展的推动作用更深刻了。因为生产力的巨大发展要求有深刻的制度革新来匹配。自从 15 世纪以来的资产阶级工业革命对生产力发展和社会进步爆发出了惊人的创造性推动力量，"资产阶级在它的不到一百年的阶级统治中所创造的生产力，比过去一切世代创造的全部生产力还要多，还要大。自然力的征服，机器的采用，化学在工业和农业中的应用，轮船的行驶，铁路的通行，电报的使用，整个大陆的开垦，河川的通航，仿佛用法术从地下呼唤出来的大量人口，——过去哪一个世纪料想到在社会劳动里蕴藏有这样的生产力呢？"❶生产力的巨大发展对落后的生产关系形成巨大的压力，生产力和生产关系的矛盾对立大大加剧了，社会基本矛盾运动加速了，从而使得制度创新呈现出革命性、加速化趋势。蒸汽机、纺纱机的出现革命性地颠覆了手工生产方式，要求彻底打破封建制度，建立适合机械生产的资本主义制度。因为生产力的巨大发展，必然要求生产关系的相应进步。"资产阶级除非对生产工具，从而对生产关系，从而对全部社会关系不断地进行革命，否则就不能生存下去"。❷对生产关系和全部社会关系的革命

---

❶ 马克思恩格斯选集 [M]. 第 1 卷. 北京：人民出版社，1995：275.

❷ 马克思恩格斯选集 [M]. 第 1 卷. 北京：人民出版社，1995：275.

就是制度创新，是深刻的、革命性的创新。马克思恩格斯指出，此时要建立的新制度是对封建制度的根本变革："要对我们的直到目前为止的生产方式，以及同这种生产方式一起对我们的现今的整个社会制度（资本主义）实行完全的变革。"❶"资产阶级赖以形成的生产资料和交换手段，是在封建社会里造成的。……这种关系已经在阻碍生产而不是促进生产了。它变成了束缚生产的桎梏。它必须被炸毁……取而代之的是自由竞争以及与自由竞争相适应的社会制度和政治制度、资产阶级的经济统治和政治统治"。❷这段话深刻而形象地说明了生产力的巨大发展导致社会制度相应的巨大变革。

在当今世界，在新科技革命的牵引下，生产力还在巨大发展，而且是更大发展：现代信息技术革命比工业革命对生产力的推动力更大，信息社会比工业社会的生产力更要巨大。因此，制度创新更为深刻，对社会的影响也更为深刻，从更广泛的方面、更深的程度影响着社会，为社会主义制度取代资本主义制度积聚能量。

第二，当代社会生产力的飞速发展导致制度创新的频率大大加快，高频率的制度创新也加速了社会交往的发展，制度创新在社会发展中的作用更大了。马克思恩格斯在《共产党宣言》里描述一百多年前资本主义初期快速发展时高速的生产变革和制度革新的状况时指出，"生产的不断变革，一切社会状况不停地动荡，永远的不安定和变动……一切固定的僵化的关系以及与之相适应的素被尊崇的观念和见解都被消除了，一切新形成的关系等不到固定下来就陈旧了。一切等级的和固定的东西都烟消云散了"。在当代更为迅速和高频的科学技术革命和科技创新的进一步推动下，制度创新也相应加速化发展了。无论是资本主义对自身制度的改造还是社会主义国家的改革，都已经成为社会的常态。高频率的制度创新使得社

❶ 马克思恩格斯选集 [M]. 第 4 卷. 北京：人民出版社，1995：385.
❷ 马克思恩格斯选集 [M]. 第 1 卷. 北京：人民出版社，1995：275.

会交往在更适合的制度环境下加速发展，社会交往更普遍更广泛
了。马克思恩格斯在《共产党宣言》里描述资产阶级"奔走于全球
各地。它必须到处落户，到处开发，到处建立联系。资产阶级，
由于开拓了世界市场，使一切国家的生产和消费都成为世界性的
了"。●而在今天，全球化真正使地球成了一个交往便捷的村庄。
这一切都是生产力发展催生制度革新促进社会交往发展的结果。

　　第三，现代社会交往全面化了，因为现代生产力提供了全面交
往的物质基础，现代制度创新提供了全面交往的制度条件。现代科
学技术所带来的交通迅捷、通讯便利、物流畅通以及思想文化交流
的紧密，使得全球各国、各地区之间的交往和联系日益加强。"过
去那种地方的和民族的自给自足和闭关自守状态，被各民族的各方
面的互相往来和各方面的互相依赖所代替了。物质的生产是如此，
精神的生产也是如此。各民族的精神产品成了公共的财产。民族的
片面性和局限性日益成为不可能，于是由许多种民族的和地方的文
学形成了一种世界的文学"。●马克思恩格斯在这里指出，资本主
义使社会交往变得空前紧密，因为资本主义制度打碎了旧有的封建
分割制度对交往的限制。社会交往全面化的趋势在现代社会表现得
更显著。例如联合国是现今世界各国政府间的政治组织，为世界的
政治联系与交往提供了平台（联合国还具有各国间经济、文化交往
的功能）；"世界贸易组织"（WTO）是现今最大的世界经济一体化
组织，制定了一系列各国间的经济贸易制度，它正使世界经济联系
一体化；全球化的人文交往使得各种文化、思想的交流也空前活
跃。虽然文化冲突在不同文化间甚至激起战争，但交往彻底打破了
原先封闭的状态，逐渐建立起多元交融的文化交往规则，这样的规
则将促进文化的进一步交往。

---

❶　马克思恩格斯选集 [M]. 第 1 卷. 北京：人民出版社，1995：276.

❷　马克思恩格斯选集 [M]. 第 1 卷. 北京：人民出版社，1995：276.

第三节 制度创新实践与社会交往发展的互动

制度创新实践推动了社会交往的发展，社会发展又会推动制度创新实践的发展，二者是双向互动的过程。

一、制度创新实践与社会交往发展的互动过程

人类社会之初，先民们以氏族公社的形式集体生活。他们按照这样的规则生活：成年男人外出猎食，成年妇女留下来采集并照看老幼病残，狩猎和采集的食物都拿回来平均分配（可能会根据年龄、性别、食量的大小进行等比例的分配）。这样，按性别和年龄的差异在纯生理基础上产生了劳动的自然分工制度。因为他们必须组成集体才能与野兽相争，获取食物；并且按照能力差异进行分工以提高工效。在氏族内部，重大公共事务由氏族会议决定，因为关系到所有氏族成员的利益；一般公共事物则直接有氏族长老决定，这来自猴群的首领制度。这些原始社会的制度保障了原始社会的运行。它们是"猴群社会制度"创新的结果。

后来，金属工具的发明和运用，大大提高了劳动生产能力，使个体劳动逐渐取代氏族成员集体劳动，氏族制度逐渐瓦解。劳动生产力的提高使得剩余产品出现，私有制和阶级出现。产生脑力劳动与体力劳动、管理者与被管理者的分工，构成了剥削阶级与被剥削阶级、统治阶级与被统治阶级的对立，原始社会制度被奴隶社会制度代替，之后封建社会制度又代替了奴隶社会制度。劳动个体化和群婚制在遗传上的弊端又引起婚姻制度的变化，一夫一妻制家庭逐

渐取代了群婚。农业与畜牧业分化出来，剩余产品的交换又产生出商业和商人。社会状况发展后，原有制度不能适应时，社会要求制度创新，新制度产生后推进了社会发展。但随着社会的继续发展，"新制度"又要被更新的制度所代替，再一次的制度创新推动了社会再一次的发展。

再后来，资本主义制度开始萌芽和产生。西方资本主义生产关系的萌芽最初在地中海沿岸的一些重要通商口岸，如意大利的一些城市，出现了具有资本主义生产形式的工场手工业。这些工场手工业在规模、生产能力、管理方式上都突破了封建家庭作坊的样式。但生产的技术条件没有质的变化，劳动者虽已进行的规模的简单协作，但性质上仍是个人的手工劳动方式。直至机械工具的出现，需要大规模的工厂化协作，才引起资本主义物质生产方式的迅猛成熟也导致其与资本私人占有方式之间矛盾深化，引发制度创新，奴隶制封建制的个人劳动制度才被彻底打破；机械生产的大批量产品需要更大范围的销售，社会交往随之扩大，限制交往的封闭制度被打破；不同文化背景的人之间的交往产生文化冲突，不同利益要求的人之间的交往产生利益冲突，随着交往的扩大而这些矛盾凸显出来。开始时，矛盾采用武力解决，实力就是"制度"。利益高于良知，武力高于正义，人类纯洁的心灵被污染，物质富裕后（虽然总体上机械时代的物质水平高于金属工具时代，但财富的相对差距更大了）的心灵空虚出现了。于是，人类的良知逐渐创新出一系列的制度来实现文明、和平并向公正的方向协调这些冲突。创新的制度稳定了社会发展的成果，从而保障社会能进一步的发展。

第二次大战后，随着社会分工、科技革命的发展和生产社会化程度的进一步提高，资本主义制度进一步进化。法人资本迅速崛起并逐渐代替自然人资本成为社会经济中居于支配地位的历史形态。法人资本是一种社会资本的发展形态。销售国际化后，分工也国际化，国际资本也迅速发展起来。为了适应跨国公司的经营，资本主义的国家制度、社会制度、文化制度、企业经营管理制度等，都经历了一系列的深刻创新。例如西欧共同体对资本主义国家制度的创新，使得共同体内人员的流动，物品的流通，思想文化技术的交流，生产的协作都更便利了。

现在，智能工具的出现使人类更大程度地从简单劳动中解放出来，信息时代的来临使世界的交往跨越了时空限制。人类有更多的闲暇和更丰裕的物质基础来发展自己，人们更加关注身心和谐、人际和谐、人与自然和谐。资本主义制度的福利成分增加，等级界限和劳资对立在一系列的制度改进中逐渐缓和。例如霍桑实验后改变了泰罗的胡萝卜加大棒的冷冰冰的管理制度为人性化的管理制度，现在员工持股制度、全员管理制度等体现了"平等"与"参与"的理念。人们的交往通过网络、电话、新闻媒体、飞机、现代物流等媒介，无论在交往的内容还是交往的方式上都较以前大大不一样了，协调人们交往关系的相应制度也就大大变化了。例如新闻审查制度、出入境管理制度、言论自由保障制度等都已经和 20 世纪显著不一样了。

对历史的回顾和分析我们可以发现，社会生产力发展导致生产关系的变革和其他社会关系的变革，即制度创新；制度创新的成果是新制度适应新的生产力，更好地规范了社会交往，促进了社会交往的发展，从而推动了社会发展；社会发展再次促发制度创新，社会就这样螺旋式前进。

可以预测，在未来，智能工具会进一步发展，人类会从简单劳作中更大程度解放出来；智能工具带来的更丰富的生产产品将有效满足人类的需求；人们在理念上的进步将引领人们克服了人口过多、资源消耗过大、环境不堪重负的困境；人与人之间的交往将走向自由和全面发展的方向。那时的聪明而正义的人们将创新出先进的制度，改造了现在的制度牵引了人类社会走向理想彼岸。

二、制度创新实践与社会交往发展的互动机制

历史已经说明，社会交往的发展要求制度创新，制度创新后促进了社会交往的发展，再引发制度创新。人类社会就在这样的螺旋式前进运动中运行。对于制度创新与社会交往发展的互动机制，不同的人有不同的解说。

制度经济学家诺斯说，"如果说制度是游戏规则，那么利益集团是玩家"。❶即，诺斯认为制度制约着利益集团，利益集团遵守或突破制度，突破旧制度建立新制度就是制度创新。诺斯认为制度创新与社会发展的互动机制在于利益集团的作用。新制度学派进一步指出，从静态上看，制度演进的方向是由社会中处于强势地位的利益集团决定的。而强势集团之所以能够决定制度演进的方向，又主要是通过一定的方式获取国家政权的支持或者通过赎买，或者通过强制来实现的。❷制度经济学家们认为制度创新是利益集团为实现自身利益最大化的需要与其他利益集团博弈以及影响政权和民意的结果。利益集团利益的变化和他们力量对比的变化导致制度变迁。

但有人反对制度经济学家们的观点。因为当一群人深信一种制度是非正义的时候，为了试图改变这种制度结构，他们有可能忽略对个人利益的斤斤计较；而当人们深信习俗、规则和法律是正当的时候，人们会服从于它们，即使丧失自己的一些利益。因此，制度创新需要用意识形态来补充制度经济学家们的利益论。进而言之，政府在制度创新中也是一个重要动力，政府可以对意识形态进行引导，对利益关系进行干预，从而影响制度创新。

---

❶【美】诺斯. 历时经济绩效 [J]. 经济译文，1994，（6）.

❷【美】诺斯. 经济史上的结构与变迁 [M]. 上海三联书店，1991：55.

在经济学领域，还有人指出，对制度创新的需求一是市场规模的变化，二是技术变化，三是知识的累积，四是政治支持，都会牵引制度创新。例如拉坦认为"导致技术变迁的新知识的产生是制度发展过程的结果，技术变迁反过来又代表了一个对制度变迁需求的有力来源"。❶

在哲学领域，也有观点认为人的主动性以及追求自我发展的不竭动力，是制度创新的引发力量。人一出生就面对既有的制度，他首先适应既有制度，在既有制度的影响下成长。随着他力量的增长和成长幅度的增大，他就必须突破旧制度的羁绊了。人们对既有制度创新，也就是在追求一种更加适合人的发展的制度形式。当既有制度创新后，人也就是获得了一种新的发展的制度环境。

应该指出的是，制度创新是多种社会因素合力作用的结果。无论利益论、意识形态补充论、多种因素论还是人性动力论，都在不同层面合理解释了相应层面制度创新的动力原因。按照马克思主义哲学的观点，生产力是社会发展中最活跃的因素，生产力的发展导致制度创新，制度创新促进社会交往发展；同时，制度和制度创新又具有相对独立性，对生产力具有重要的能动作用；制度创新也会引发相应领域的社会发展：新制度必然引发利益集团之间格局的变化，影响意识形态的变化，导致市场规模的扩大、技术的进步、知识的更丰富、政治力量的变化。这些新变化又会进一步引发制度创新。因此，社会发展和制度创新是一种相互依存、相互促进的辩证关系。

---

❶【美】拉坦. 诱致性制度变迁理论：载于科斯等著，刘守英译：财产权利与制度变迁——产权学派与新制度学派译文集 [M]. 上海：上海三联书店，1991：371.

第四章　知识创新实践推动知识发展

　　人类社会的发展不仅体现在物质产品的丰富、生产工具的改良等有形的实物上，还体现在人类对世界的认识和精神财富的创造和发展上。人类天生具有求知的欲望，探索世界的奥秘是人类永恒的追求之一，追求精神世界的真善美也是人类永恒的价值追求。这一切都是由人类的知识创新实践来实现的。知识创新包括自然科学知识的创新和社会科学知识的创新，是社会存在与社会意识、社会物质生活与社会精神生活的矛盾在一定程度上的解决，是科学实践的高级形式。知识创新对自然界和社会发展的规律做出新的揭示和发现，为生产实践和交往实践的发展提供强大的思想武器。

第一节　知识、知识创新、知识创新实践

　　虽然在本书的开篇已经把本书涉及的最基本的概念已经做出了阐释，但由于人们对知识、知识创新、知识创新实践概念的多种解读，使得对这几个概念的内涵在此做出清晰的、适合本书的界定成为必要。

一、知识是什么

柏拉图最早把知识定义为"证明了的真信念"。这个定义直到20世纪60年代仍然被广泛接受，成为知识论的一个基本概念。但后来对知识的定义变多了。例如，孔德认为只有经过了科学确证的知识才是真正的知识。洛克认为知识是一种认识的道路和结果。知识到底是什么，目前仍然有不同的定义。《中国大百科全书》定义为："所谓知识，就它反映的内容而言，是客观事物的属性与联系的反映，是客观世界在人脑中的主观映象。就它的反映活动形式而言，有时表现为主体对事物的感性知觉或表象，属于感性知识，有时表现为关于事物的概念或规律，属于理性知识。"从这一定义中我们可以看出，知识是人类对世界（包括自然界、社会、思维，既包括对主体的外部世界也包括主体自身）的认识，它可以表现为主体自身的感性，也可以脱离主体成为理性的客观。主体感性对主体自身状态的情绪、体能、智能等有调控作用，理性知识对主体认识和改造世界有指导作用。所以培根说"知识就是力量"。

二、知识创新的概念

知识创新这一概念的明确使用，根据陈力的考证，最早是由戴布拉·艾米顿提出，她在1993年提出"科学家和工程师进行跨学科、跨行业、跨国家合作，研究共同感兴趣的问题，其研究结果加速了新思想的创造、流动和应用，加速了这些新思想应用于产品和服务，以造福于社会，这就是知识创新"。1997年，她又进一步将这个概念凝练为："所谓知识创新，是指为了企业的成功，国家经济的发展和社会进步，创造、演化、分配和应用新思想，使其转变

为市场化的商品和服务的过程。"❶

她的知识创新概念偏重于经济意义，现在国内科学界把知识创新概念的适用范围扩大了，但仍限于科学技术领域。通常认为，知识创新是指通过科学研究，包括基础研究和应用研究，获得新的基础科学和技术科学知识的过程。知识创新的目的是追求新发现、探索新规律、创立新学说、创造新方法、积累新知识。但是，人类的知识不仅仅只有科学技术知识，还有人自身的感性知识和人类的社会知识，因此，庞元正教授从哲学层面的界定更有全面性。

知识创新包括自然科学知识的创新和社会科学知识的创新，是社会存在与社会意识、社会物质生活与社会精神生活的矛盾在一定程度上的解决，是科学实践的高级形式。自然科学和人文社会科学的发展都离不开科学实践，科学实践对于探索自然界、人类社会和思维世界的奥秘，揭示自然规律、社会规律和思维规律，为人类认识世界和改造世界提供了强大动力。但如果科学实践不能做出知识创新，科学实践就不能达到预期目的，就不能转化为人类认识世界和改造世界的成果。知识创新是科学实践的关键环节和高级形式。知识创新破除错误的观念，超越旧有的理论，对自然界和社会发展的规律作出新的揭示和发现，为生产实践和交往实践的发展提供强大的思想武器。❷

人类在世界上的使命有二：认识世界和改造世界（包括客体世界和主体自身）。认识世界的成果就是知识，它直接满足了人类求知的欲望和精神需求；改造世界需要知识的指引，而且改造世界的过程中也获得了知识。改造世界满足了人类的物质需求，并通过对象化的物质改造满足了人类的精神需求。世界是无限广大和无限发展的，人类的认识能力和对世界的改造也是无限发展的，不可能只

❶ 陈力. 创新实践论 [D]. 中央党校博士毕业论文，2007: 130.

❷ 庞元正. 创新实践：马克思主义哲学研究的重大课题 [N]. 人民日报：2006-09-08(15).

停留在一个定点或到达顶点，所以知识创新是人类永恒的追求。

知识创新需要主体运用知识、生产工具和自身的能动性来实现。知识可以作为创新的工具参与创新，主体依靠知识的功能与力量推动创新；知识也可以通过改变与塑造主体参与创新，主体在知识的潜移默化作用下，发展为具有新的精神和能力的创新主体。知识创新要以主体的知识创新能力为基础，人运用知识在不断深入的程度上改变自然界，是与人改变自然界的实践能力发展程度相一致的。生产工具指示着人的知识及其物化能力的发展程度，也标志着人能够以什么方式、在什么规模与层次上从事知识创新活动。知识创新能力是在相应的对象性活动中建构起来的，是社会的活动能力与社会活动的产物，它只能在社会的实践活动中才能获得高级形式与完整形态。

综合以上对知识创新的认识，本书认为知识创新是主体运用既有知识和工具能动地认识世界，取得新认识的过程和结果。

三、知识创新实践的概念

任何创新活动都是实践的过程，任何创新的成果都是实践的成果。知识创新实践是知识创新在哲学上的表达，是更体现知识创新的本质和功能的概念。知识创新实践是人类认识世界（包括自然界、人类社会和人自己、思维）的创新实践，是获得新知识的实践，是科学实验的高级形式，是人的身心矛盾的解决，是物质与精神关系的进化过程。此概念在前文已有论述，本处不再赘述。

但是，有人认为知识创新是精神活动，是通过人的思维完成的，因此把知识创新排除在实践领域之外，这是对知识创新的误解。知识创新确实需要人的思维，主要是精神活动，但绝不是完全的精神领域的空洞思维，它来自实践又用之于实践，具有实践的基本特征：主体认识或改造客体的对象化活动，是主观与客观相连接的活动。因此，使用知识创新实践的概念将比知识创新更明确地指明它的实践性。

第二节　知识创新实践推进知识发展的表现

知识创新实践直接推进了社会精神层面的发展，并通过精神对物质的反作用推进了社会物质世界的发展。

一、促进人类认识发展

人类已经取得了对世界的丰富认识，但还需要进行知识创新实践，继续深化对世界的认识。一是世界的无限广大和世界发展的无限性，决定了人类认识的发展也是无限的、永无止境的。人类已有的对世界的"丰富认识"实际上十分渺小，整个世界还有无限的未认识空白。二是主观认识应随着社会实践的发展而发展，与不断发展的社会实践相适应。因为人类已有的认识只是对认识客体在当时状态和当时认识能力下的一定程度的认识，随着人类认识能力的提高和认识客体在实践中的充分展开，人类对认识客体已有的认识还会继续深化。人们认识的辩证运动的过程是"实践、认识、再实践、再认识。这种形式，循环往复以至无穷"，使认识由低级向高级发展，这就是认识发展的总规律，也是知识创新的总规律。正如党的十六大报告中所指出的："实践没有止境，创新也没有止境。我们要突破前人，后人也必然会突破我们。这是社会前进的必然规律。"人类要认识未知的世界就必须要进行知识创新实践，人类获得的对未知世界的新认识就是知识创新实践的成果；人类的认识要随着世界的发展而不断发展，也必须不停地进行知识创新实践。

知识创新实践是永不停歇的。辩证唯物主义认为，人类的知识来源于人类的实践。由于世界的无限广大和无限发展，人类认识世界和改造世界的实践也是无限发展的。首先，无限变化发展的实践不断给人们提出新的认识课题，推动人们去进行新的探索和研究。其次，无限发展的实践在给人们提出新课题的同时，也不断提供大量有关的经验材料以及新的认识工具，使人们能不断解决认识课题，使认识不断向前发展，知识创新不断向前发展。再次，无限发展的实践还改造了人的主观世界，锻炼和提高了人的认识能力，使人更有能力获得知识创新。最后，无限变化发展的实践还修正人类的知识，使知识创新走向"真"的彼岸。

马克思主义哲学认为发展是世界的总特征，认为世界不是既成事物的集合体，而是过程的集合体，其中各个似乎稳定的事物同其在人们头脑中的思想映象即概念一样都处在生成和灭亡的不断变化中。客观世界的运动变化发展决定人们的意识、思想、观念、学说是不断发展变化的，也就决定了知识创新的永恒性。一部人类认识史、思想史、科学史，就是一部知识创新史。

永恒的知识创新实践推动人类的认识永远地向前发展。人类需要认识客观世界，需要认识主体自身，人类追求真善美。人的活动不仅限于人的生存需要，还有着更深层次精神的需要。知识的功能在精神层面上正是人类认识世界、欣赏世界的需求的满足。从横向上来说，人类对自然界的认识、对人类社会的认识和对思维自身的认识都在知识创新实践的推动下逐步深化和扩大。从纵向上来说，人类认识的深化和拓宽也都是知识创新实践的结果。没有知识创新，人类的知识就只能停留在原有的水平。

世界是无限的，发展是无止境的，人类的精神需求也是无止境的，旧有的知识需要不断创新才能不断满足人类追求真善美的内心。知识创新可以是一种强大的精神力量，人们依靠知识创新，改变旧认识、旧思想、旧习惯、旧传统、旧观念，树立新思想、新习惯、新传统、新观念，起到改变人们的精神面貌、解放思想、追求真理的作用。知识创新实践把人类对世界的认识不断推向前进。知识创新实践是历史的活动，每一时代的创新活动既显示了人能够做什么与人的能力的无限制性，也同时暴露了人在特定的历史条件下不能做什么与人的能力的有限性。知识创新实践是人认识世界的一种活动方式，是社会进步的一个重要参量。

二、促进人类实践发展

知识创新实践为人类认识世界、改造世界提供新理论和新方法，知识创新实践满足了主体精神的需要，也通过对物质生产的指导作用提高生产力而满足了主体物质的需要，为人类文明进步和社会发展提供不竭动力。

知识创新实践更推进了人类改造世界的事业。实践是认识的目的，知识的功能在于指导人们认识世界和改造世界的实践，知识创新推进实践向更高级的方向发展。人们认识世界的目的在于指导实践，有效地改造世界。实践是认识的最终归宿，认识对实践具有能动作用。这种能动作用主要表现在知识对实践具有指导作用。

人类对世界的改造包括对自然界的改造、对人类社会自身的改造和对思维的改造。知识创新具有推动物质生产力发展的功能，它可以改进生产工具和生产技术，优化劳动者的生产经验和劳动技能，提高劳动对象的质量、扩大劳动对象的范围，把正确的管理知识应用于生产管理可以提高管理水平，从而推动物质生产力迅速发展。它还提高了人类对自然界的认识，从而提高了人类对自然界的改造能力。社会科学的知识创新为先进生产力的发展创造了社会条件。先进生产力的发展要有相应的社会条件，这些条件包括形成社会共识、制定正确的社会政策、实行社会力量的动员等。而社会科学的知识创新正有这种功能。

以知识应用系统为例来看，其主要功能是知识和技术的实际应用。它的组成部分是社会和企业，包括政府部门、科研机构、其他机构和组织等。知识的应用主体是社会和企业。这些主体以什么样的目的去应用知识，是把知识用于生产还是直接消费，一般需通过市场机制的运作才能达到这一目的。同时，应用也制造新的需求，从而进一步推动知识和技术的创新，推动它们进一步的应用。

当代经济和社会的发展主要依靠知识创新和知识的创造性应用的趋势越来越明显，知识经济或知识社会或知识时代的口号宣示着知识创新越来越成为社会生产力的解放和发展的重要基础和标志，并将进一步成为经济和社会发展的主导力量。知识创新改变了劳动生产的效率和经济活动的方式，带来了生产力的革命，促进了生产方式的变革，引起了生产实践的质的变化，带动了生产的飞跃式发展。表现在微观经济层面，知识创新活动把潜在的资源变成了现实的资源，引入了新的生产要素，扩大了创新组织的生产能力与范围；知识创新活动采取了资源新的组合方式、产生了资源的新的价值、效用和收益，实现了财富生产的新的可能途径，提高了资源的生产效率；知识创新活动降低了生产成本，增加了企业利润，不断满足和扩大新的需求；知识创新活动产生了实践活动的正面效应，带来了新产品、新知识的扩散，创造了社会的经济效益。表现在宏观经济层面，知识创新是推动经济增长的主导力量，保持可持续发展的不竭动力，增强综合国力的核心要素与进入知识经济的基本能力。知识创新与社会进步的关系越来越密切，知识创新推动着知识社会化与社会知识化，塑造着新的社会结构与文明类型。创新成为社会发展的主导力量，表明社会实现了从传统社会向现代社会的转型，创新成为社会的生存要求。

知识创新还能促进人类社会自身的进步。知识创新具有变革人类生活方式的功能，人类生活包括物质生活和精神生活两个方面，这两个方面的变革，几乎都是伴随着知识上的重大进化而发生的。在人类对世界的认识还屈服于某种神秘力量的时候，人是这些神秘力量的奴仆；当科学揭示了世界的自然面目的时候，社会生活的图景发生了根本性的变革：人成为了自己的主人。

知识具有社会管理的功能。人们利用管理知识去分析和管理社会，有利于社会生活各个部门的协调发展，有利于社会的进步。而管理知识的创新，大大推进了管理水平的提高。从古典管理学到科学管理学到行为科学再到系统管理学、权变管理学，每一次管理科学的进步都使人类的管理水平迈上了新的台阶。

知识创新具有改进社会关系的功能，它既可以引起生产关系、阶级关系、政治制度的局部变化，也可能导致社会革命，从而引起社会关系的根本变革。知识创新是社会变革与革命的先导。比如无产阶级革命和社会主义的诞生就都应归功于马克思主义的产生。与社会知识创新相对应的是开放的、富有生机与活力的社会。社会知识创新成为一种社会文化，制度化于社会机体中，社会进步就能有序、永续。知识创新实践也为人的解放与发展创造了条件，提供了进化着的新的人文环境。知识创新实践为人的需要层次不断提升与需要对象日益扩大提供了物质基础，为人的社会化创造了普遍交往与普遍联系的新的方式与手段，使人获得了更多的自由时间即发展空间。

知识创新改变了社会生活的样式。知识社会中，科学技术与社会科学、艺术、新策划、新创意、新的商业流程、组织以及客户量身定做的需要等多种要素成功融合，满足了客户根据个人兴趣和爱好选择个性化产品和服务的要求，社会产品不再是低成本和新技术所带来的统一标准，世界变得丰富多彩。福特汽车公司的历史是很好的说明。老福特凭借"流水线"对汽车生产技术的革命性提升而制造出的 T 型车曾绝对控制了美国市场。但现在 T 型车已经退出舞台，小福特必须挖空心思地制造出不同款型、不同风格、不同功能、不同档次甚至不同理念的汽车满足顾客挑剔的需求。他们必须全面地寻找能够与文化、时尚元素、消费者爱好、商业利润和汽车技术有机融合的新创意，以全新的、反应迅速的方式满足人们的需要。但随着商品种类越来越多，各种商品的产量则会越来越小。人类的社会生活越来越显出个性化、差异化。

从这些事例可以看出，知识创新直接体现了人类社会的发展，是人类对世界认识的提高和自身精神的丰富和发展；它以先导性和参与性方式促进了技术创新和制度创新，是创新实践推动社会发展最基础的动力。在知识创新的推动作用下，社会已经悄然前行了。

人类的知识创新实践对人类社会自身的改进作用依据对象、范围、方式的不同而表现出多种多样的结果。从解释世界到改变世界的内容、形态、方式和成果，从精神表现到物质展示，从经济基础、上层建筑宏观领域内的不断变革到所有社会关系、社会组织、社会行为微观领域内的改进与更新，都是社会各领域发展的矛盾状况在认识和实践中的反映，并且通过理论的发现和实际的改进，在知识创新实践的推动下所取得的成果。例如现代教育理念的实现，使教育真正地普及开来；又如在现代医疗服务理念的指导下，18 世纪创新出现代方式的医院，改变了人类的健康生活状态；人类在数学、力学、化学、生物学、社会学领域的发现和进步，既推进了社会生产的进步引发社会物质生活的改变，也推进了人类精神世界的改变。在现代社会实践条件下，知识能量得到了真正的激发。

知识创新实践在当今知识经济时代，对社会生活的动力作用已经使整个社会日益显现出知识化的特征。自从 1996 年经济合作与发展组织（DECD）明确提出："人类正在步入一个以知识（智力）资源的占有、配置、生产、分配、使用（消费）为重要因素的经济时代。"随着生产力内部结构的变化，知识成为最重要的生产要素与财富源泉，经济与社会日益知识化。知识创新作为经济与社会发展的主导力量，促进着经济与社会的知识化，推动着知识经济、知识社会的到来。国外有的学者认为，当代社会可以看作知识社会，该社会生活的各个领域都被科学知识所渗透。科学进步深入生活世界表现——科学知识渗透于社会行为的大多数领域，即"科学化"；科学知识取代了知识的多种形式，如专业化；科学作为直接生产力出现；知识生产作为生产新领域的发展；权力结构发生改变（技术治国）；知识分子作为新的社会阶级出现等。

知识创新实践还促进了对人类思维的改造。知识创新提供了对思维规律的更新、更深刻认识，直接提高了人类思维的能力。另外，知识创新提供了更丰富的理论基础，人类的思维可以在更先进的基础上更快地前行；知识创新还导致新技术、新手段的出现和运用，为人类认识世界提供更便利的条件。

当然，如同人的任何活动产物一样，知识创新也有其二重性，也会产生负的效应或被误用，人类也为其付出了代价，只能依靠系统的变革与创新加以调节。如果不进行知识创新，不随着实践的发展而发展，而是固守旧有的知识，就不能体现知识的功用，甚至还会造成损失。在伦琴发现 X 射线后，牛顿的经典物理理论就无法解释这朵"飘在物理学上空的乌云"了，只有进化到现代物理学才能明白放射现象。中国的社会主义革命和建设吃了"教条主义"的亏，胜利在创新上。毛泽东说："我们要把马、恩、列、斯的方法用到中国来，在中国创造出一些新的东西。只有一般的理论，不用于中国的实际，打不得敌人。但如果把理论用到实际上去，用马克思主义的立场、方法来解决中国问题，创造些新的东西，这样就用得了。"❶ 而他的无产阶级专政下继续革命的错误理论，却违背了他自己的这一思想，使我国遭受了 4772 亿元（按"文革"同时期人民币币值计算，中华人民共和国成立后 30 年全部国营企业固定资产原值为 4488 亿元）的损失。❷

四、促进人自身的发展

知识创新实践对人自身的发展有直接的动力作用。个体的人通过知识创新实践提高了自身认识世界和改造世界的能力，使自身成为自由而全面发展的人。

第一，知识创新为人的自由发展提供了精神动力和理论支持。精神领域是人类独有和独创的主观世界，精神领域的自由是人类自由的目标之一。人类精神的解放和自由度的提高，不仅从根本上取决于物质生产实践的发展水平，有赖于社会交往实践的普遍展开，同时更直接地由精神生产实践创造和推动。知识创新实践，作为人类精神生产的高级形式，提高了人自身的精神素质，丰富了人的精神生活，充实了人的精神世界，解决了人的身心矛盾。知识创新还提高了人对自然、对社会、对方法论的认识，提高了改造自然的理论和技术，协调了人与人之间的矛盾，促进了人的自由度的提高和能力的全面发展。

第二，知识创新实践促进了人类思维的进步。随着对人类思维研究的深入，对脑科学、认知心理学、思维科学、电脑科学的研究

---

❶ 毛泽东文集 [M]. 第 2 卷 . 北京：人民出版社，1993：408.

❷ 陈志耕，孙广义 . 社会科学技术是第一生产力的社会经济实证分析 [J]. 生产力研究，2004：（1）.

深化，人类思维能力飞速进化。例如，电脑的运用（当然，电脑是知识创新和技术创新的共同成果），人类借用电脑的功能，复杂的数学运算和逻辑运算变得轻巧了：只需要敲几下电脑的键盘。电脑减轻了人脑的负担却扩张了人脑的功能。另外，哲学方法论的创新和运用也大大提高了人们的思维能力和行为能力。

第三，知识创新实践为人的发展提供了更好的社会环境。知识创新实践引发制度创新实践，改变原有的不合理的经济关系与政治关系，建立有利于生产力发展的经济制度与政治制度，建立更有效率的社会中介组织与社会运行机制，塑造社会新的行为规范等。知识创新实践引发技术创新实践，人类生产力获得大发展，物质产品逐步丰富。在这样的环境下，人的发展更自由了。

第四，知识创新实践为开发人自身的资源提供了理论指导。人是创造资源的资源，最根本的资源是人本身。知识创新不仅创新出包括对自然资源与人工资源的开发利用的理论知识，而且包括对人这种生产资源的开发利用的理论知识，不断塑造人的新的素质，不断激励人的各种潜能，使人的效率最大化。

第三节　知识创新实践推动知识发展的机制

知识创新实践推动了知识的发展是显而易见的事实，但它是怎样推动知识发展的呢？背后的机制是怎样的？

知识创新实践作为知识发展的动力，其起作用的直接机制有二：第一，知识创新直接体现了知识发展。知识发展本身就包含有人类认识世界能力的提高和人类精神世界的丰富和发展。知识创新就是人类认识世界能力的提高和人类精神世界的丰富和发展。没有知识创新，人类的知识就停留在原有的水平，就不会有发展。第二，知识创新实践推动了其他创新实践从而推动了知识的发展。知识创新作为先导，引发了其他创新。正如罗默所说："思想是非常重要的经济产品，甚至要比在大多数经济模型中强调的客体更为重要。在一个具有物理极限的世界里，正是一些大的思想（比如，如何制造高温超导体）的产生以及数百万的小思想（比如，如何更好地缝纫衬衫）的发现才使得经济的持续发展成为可能。"❶ 有了新知识（思想），就会产生新产品。知识创新特别是理论创新，往往会引发技术创新和制度创新。爱因斯坦的质能转换公式突破了质量和能量守恒原理，就产生了核能技术。霍桑实验揭示了工人在工资外的精神需要的重要性，泰罗的科学管理制度就被超越了。其他方面的创新与发展为知识发展提供了动力和条件，促进了知识的发展。

一、知识创新实践提供知识发展的精神动力

知识创新实践提供的新观念重构了人的思维方式，重塑人的精神世界，它使人用新的眼光审视熟悉的事物，不满足于现存世界而决心改变它。正是知识创新实践改变了人类的认识和思想，人类采取新的行为，世界才随之出现新的面貌。

首先，知识创新改变了人们的观念。知识创新的根源其实质均是对现有知识的重组与创造。知识的显著特征就是其非竞争性和知识传播的低成本。非竞争性意味着同一知识可以被很多不同的主体同时消费和使用，完全不同于工业时代专利技术的排他性。知识社会的人们更具有开放的心胸。知识创新的价值也引领人们重视知识创新和敬仰知识创新者。"知本家"们的成功正是这种改变的写照。

其次，知识是一种无形资源，知识能与各种因素进行组合，参

---

❶ 【美】戴维·克雷恩. 智力资本的战略管理 [M]. 北京：新华出版社，1999：263.

与和指导创新，为世界的发展创造出无限可能。例如，知识创新提供的新模型是未来事物的蓝图，是创新结果的设计；知识创新提供的新方法是改变了的活动方式、程序与途径，虽然没有预示创新的结果，但可以导致新事物的产生；知识创新指出的新目标指引人们走向新的前途，正如思想解放推动改革开放就是最生动的证明。

再次，知识创新是其他创新的先导。知识创新是技术创新的基础，是新技术和新发明的源泉，是促进科技进步和经济增长的革命性力量。知识创新为制度创新提供理论准备，更多新知识的产生、扩散和共享将帮助制度变迁寻找更科学更合理的方式、方法和策略，制度变迁是一个破旧立新和逐步完善的过程，只有整个社会的新思想、新观点不断爆发，知识累积不断深厚，创新能力不断增强，才会更深刻、更全面地认识到现有制度的缺陷。知识创新还是三大基础创新之外的其他创新，如教育创新、艺术创新的先导。知识创新为人类认识世界、改造世界提供新理论和新方法，为人类文明进步和社会发展提供不竭动力。

马克思主义哲学在强调物质决定意识的作用的同时，也承认精神对物质的反作用，强调理论对实践的指导作用。知识创新实践改变了人们的认识和思想，直接体现了人类精神生活的进步。知识创新实践还提供了思想上、理论上的指导作用，推进了社会实践的发展。1978 年春，在全国科学大会开幕词中，邓小平详细分析了科学技术发展的最新趋势及其对经济社会发展所产生的深远影响："理论研究一旦获得重大突破，迟早会给生产和技术带来极其巨大的进步。当代的自然科学正以空前的规模和速度，应用于生产，使社会物质生产的各个领域面貌一新。" ❶

---

❶ 邓小平文选 [M]. 第二卷. 北京：人民出版社，1994：87.

二、知识创新实践提高知识发展的物质水平

世界划分为精神世界和物质世界两大部分。知识在人类主体的头脑中时属于精神世界的东西，知识也外化于客体世界，成为对象性的存在。知识创新的成果使知识的物质性对象的水平提升，为知识发展提供更高的物质水平，促进知识在更高水平上发展。

第一，知识创新提高了社会人力资源的水平。知识发展需要相应的社会发展条件，这种条件正是知识创新提供的：社会生产力的发展需要更高素质的劳动者，知识创新实践提高了劳动者素质；社会生活的进步需要更高精神素质的社会成员，知识创新实践提高了社会成员的精神素质；社会结构的进化需要高素质人的推动和适应，知识创新实践提供了这种支持。通过对社会成员的教育、培训、社会化等过程，提高社会成员的工作技能、生活技能和学习技能，培育新思想、激发新动力，使人力资源水平得到提高。

知识创新实践使人的认识水平和知识基础、技术基础、修养、行为方式得到提高，人的素质得到提升。这样，社会发展的速度就会加快。因为社会发展的主体是人。另外，社会发展的最终目标是人的发展，知识创新实践提升了人的素质直接就是推动社会发展的表现。

第二，知识创新实践产生新的需求。知识创新发展到新的水平意味着生产力的发展水平与社会的文明程度进入了新的阶段，也意味着社会对知识的需求在不断增加。知识创新是社会知识生产的主要来源，知识创新活动不断地创造着社会所需要的创新知识，并且把新知识实际地融入社会生产与社会改造的活动中。正是在无数的、无穷的知识创新活动中，知识逐步渗透于社会有机体的各个部分之中，塑造着新的社会结构与素质。知识创新与知识社会相辅相成，知识创新不是仅仅为知识社会提供新的知识，它本身就是实现

知识社会化与社会知识化。社会生产体系中的知识生产再生产的比重超过了物质生产再生产，表明了社会已摆脱了物质生活贫困，人的生活需求进入了新的层次；说明了社会存在与发展的基础，正在从完全依赖于自然资源转变为更加依赖于人工资源，社会进步的支撑体系更为广阔与牢固。当人们的生活上升到了新的层次，社会的生产发展到了新的状态，就会对生产要素和生活要素产生新的需求，这些新的需求是更高级和更复杂的，对这些新需求的满足将拉动社会向前发展。

第三，知识创新实践提升着社会生产水平。社会生产包括物质生产和精神生产。人类知识创新的成果使社会精神生产的水平大大提高。从结果上来看，现在精神产品空前丰富，涌现速度空前迅猛，人类已经进入知识爆炸的时代；从精神生产的主体上来看，参与精神生产的人群空前扩大，每个人投入精神生产的时间和精力也大大增长（精神生产已经不再是有闲阶级的专利）；从精神生产的工具条件来看，电脑、网络、协作条件为人们提供了巨大便利。

社会物质生产包括物质产品的生产和人口生产。知识创新改变了人们对人口生产的认识，加之社会发展提供的优越医疗保育条件，使得控制人口数量、提高人口质量、优生优育成为现实，大大提升了人口生产的水平。高素质的人口为社会发展奠定了基础。

知识创新对社会物质生产的促进作用表现在多方面，因为社会物质生产本身就是个复杂的巨大系统。

知识创新已经成为经济增长的主导因素，减少了物质资源的消耗，提升了经济增长的品质。经济学家索洛依据经济增长理论，通过研究各项要素在经济增长中的作用，得出经济增长速度方程 $Y = a + \alpha \cdot k + \beta \cdot L$（Y 代表经济增长速度，a 代表技术进步，α 代表资金产出弹性系数，k 代表资金投入增长速率，ß 代表劳动产出弹性系数，L 劳动投入增长速度，）该公式表明，随着科技的进步，资金投入与劳动投入量的增加对经济增长的贡献逐渐降低而知识对经济增长的贡献逐渐升高。罗默也把知识积累看作经济增长的一个内生的独立因素，认为知识可以提高投资效益，知识积累是现代经济增长的源泉。1996 年，世界经合组织发表了题为《以知识为基础的经济》的报告。该报告提出了知识经济的概念，认为 21世纪的发展宣言——人类的发展将更加倚重自己的知识和智能、知识经济将取代工业经济成为时代的主流。创新是知识经济发展的动力。知识资源成为科技创新第一要素。知识的创造和发展大大降低了社会对自然资源的依附，传统的生产要素如劳力、土地、资本已逐渐失去主导地位，知识资源成为科技创新的战略性首要因素。知识经济不仅使经济增长对物质资源的消耗减少，废物排放降低，也使经济增长的速度更快，效益更高，品质更好。

知识创新改变了主要依赖传统生产要素推动的传统的物质生产方式。生产方式是生产力和生产关系的总和，知识创新确实使生产力和生产方式都发生了改变。知识创新牵引技术创新和制度创新使生产力和生产关系得到发展，知识创新还使生产力中的科学、智力等因素的水平直接提高，在生产中的作用更大。文化产业、创意经济、网络经济等知识主导的新经济，颠覆了人们有关财富生产和增长的传统观念。例如搜狐、新浪、阿里巴巴、腾讯等公司并不热衷于科学或技术的革命，只是在顾客的电脑和网络上增加新创意，就开创出新的市场并日进斗金。这些基于互联网的新兴公司并没有对科学和工业技术有显著贡献，但他们五颜六色的新创意创造了世界色彩丰富的生活。知识社会的成功不再取决于专业化，而是取决于设计、创造力和组织力的集成。企业必须综合利用科学、技术、文化、艺术、个性、组织构造、流程设计和心理等多种因素，特别是在共同的科学技术之上的差异化因素，形成差别化的高端创意而成功。融合多种要素产生的差别化创意所面临的竞争较少。

　　日本学者堺屋太一在《知识价值革命》一书中指出，知识价值（堺屋太一定义知识价值是指通过知识的生产而装在物质财富和服务这些容器中的知识的价值以及愉悦人的精神的功用）革命正在逐步取代传统的以土地、劳动力为基础的农业经济价值，也在逐步撞击以原材料、金融资本为基础的工业经济价值。随着知识经济时代的到来，知识除了可以节省物质、能源之外，还可以节省时间；知识在理论上取之不尽，是最终的代替品，将成为产业的最终资源；知识是 21 世纪经济增长的关键因素。

　　美国著名管理学家彼得·德鲁克认为，知识社会已经诞生。在知识社会中，社会经济和日常生活都要受知识价值支配，从而产生许多新的变化。例如经济增长将从传统工业的数量时代、质量时代，进入知识社会的创新时代。

　　知识创新频率的加快使得新经济门类的出现、生产技术的提升速度都加快了，社会的物质生产因而更丰富和更快速了。现代知识创新频率加快，知识创新成为当代社会最显著的特征。美国国家科技局在一项调查中指出，目前的物理学、化学、生物学等方面的知识有 90% 是近 7 年以来所获得的，人类认识的化合物，在 1880 年时只有 1200 多种，而到 1950 年则达到 100 万种，目前已达到 400 万种。新知识、新信息的增加如此之迅速，以至于人们把这种知识迅速增加的态势称为"知识爆炸"，更有人定义我们的时代是"知识经济时代""知本时代""知识社会""信息时代""后科学时代"。这些称谓一方面显示出繁荣的知识创新是当今时代的显著特征；另一方面显示出知识创新对社会发展的巨大作用。在当今时代，知识创新作为人类精神生产实践的高级形式，正日益取代技术创新成为人与社会全面进步的主要策动源和驱动力。这些新生的称谓也体现出知识创新已经使社会发生了翻天覆地的变化。

　　这种翻天覆地的变化有人概括为"知识革命"。在《美国国家知识评估大纲》中对知识革命是这样描述的："近几年来，由于科学技术的发展，世界运行方式发生了根本变化。长途电信价格下降，计算机的普及，全球网络的出现，以及生物技术、材料科学与电子工程等领域的发展，创造出 10 年前根本不可想象的新产品、新服务系统、新兴行业和新的就业机会，这就是当今人们称之为的知识革命。"20 世纪爆发了新的产业革命，出现了大量的新兴产业——信息产业、生命产业、新能源产业、新材料产业、空间产业、海洋产业、环境产业以及各种服务产业，从而使人类的经济形态发生了革命性变化。20 世纪新的产业革命来自 20 世纪的科学技术革命，其主要标志是：信息技术、生命技术、新能源技术、新材料技术、空间技术、海洋技术和环境技术等一系列高技术的产生。20 世纪的科技革命，又来自相对论、系统科学和微电子学等的"知识革命"。而 20 世纪的科技革命，特别是信息技术的发展，使知识的生产、扩散和应用各个重要环节发生了深刻的变革，根本改变了人类知识的体系结构、存在形式以及知识活动的方式和载体。

知识创新实践改变了生产的组织形式。美国乔治·梅森大学教授希尔根据美国创新特征的变化发表《后科学社会——呼唤国家创新体系的变革》指出：美国正步入后科学社会，后科学社会的财富创造和生产力提高所依赖的创新将不再基于在自然科学和工程学基础研究方面的领先能力，而是基于个人、社会及文化创新的领先能力。社会和企业越来越需要整合个人、社会及文化创新的领先能力来发展现代生产。例如明尼苏达矿业和制造业公司（因其名称前三个单词以 M 开头，所以更多地被大家简称为 3M 公司）鼓励每一个人开发新产品，提倡"15% 规则"，允许每个技术人员至多可用"15%"的时间来干私活，即搞个人感兴趣的工作方案，不管这些方案是否直接有利于公司。当产生一个有希望的构思时，公司会组织一个由该构思的开发者以及来自生产、销售、营销和法律部门的志愿者组成的风险小组。该小组培育产品，并保护它免受公司苛刻的调查。小组成员始终和产品待在一起直到它成功或失败，然后回到各自原先的岗位上。有些风险小组在使一个构思成功之前尝试了数百次。组织结构上采取不断分化出新分部的分散经营形式，而不沿用一般的矩阵型组织结构。组织新事业开拓组或项目工作组，人员来自各个专业，且全是自愿。公司提供员工创新的资金扶持和创新奖励，只要谁有新主意，他可以在公司任何一个分部求助资金。创新有效益了，不仅是薪金增加，还包括晋升和奖金。比如开始创新时是一位"基础工程师"，当他创造的产品进入市场，他就变成了一位"产品工程师"，当产品销售额达到 100 万美元，他的职称、薪金都会随之改变。每年，公司还会把进步奖授予那些新产品开发后三年内在美国销售额达 200 万美元，或者在全世界销售达 400 万美元的风险小组。

三、知识创新实践改进知识社会管理方式

知识创新的迅猛发展，知识发展水平的空前提高，使得当今时代已经迈入知识社会。在知识社会里，新的知识对社会生活和社会生产的各个方面都会带来新的认识和新的要求，迫使社会管理方式持续改进。正如美国乔治·梅森大学教授希尔指出的，知识社会要求改进国家创新体系和制度。知识社会依然需要新的科学发现、理论革新和技术革命。但是，公司不再醉心于科学技术的研发，而是利用社会提供的基础成果。因为基础研究难于保密而易于扩散，科学家们信仰"科学无国界"使科学技术的基础成果易于获得。特别是在当今社会交流空前便利、科技研发你追我赶的情况下，拥有绝对差距的科技优势基本是白日的梦语。最决定性的因素是后科学社会创新的利润不再以科学新发现、理论和工业技术的形式取得，而

是物化在新型的设计或创意、革新的系统或耳目一新的服务中。因此，知识社会需要更加完善的知识产权保护制度。越来越多的财富来自于商业流程的再造、创意、方案、设计、软件及人性化网络，这些无形资产的"版权"需要保护，以维持其在创造性世界中的价值。

知识创新导致制度创新，社会管理的方式将随之提升。知识创新还推动管理理念、方法、手段等方面的创新，推动社会管理方式进步。知识创新使人们对社会的认识、人际关系的认识、人自身的认识向前发展，迫使社会运行和管理的方式进化，从而社会向前发展。

四、知识创新实践改变创新方式

知识创新实践甚至已经改变了社会创新的方式。在知识社会，知识和信息流动速度很快，因而技术或产品已经不能提供企业的持续竞争优势，竞争者可以很快地复制大多数产品和服务。例如，花旗银行使用自动提款机时，他们曾经短暂地拥有了对其竞争者的优势。但是，企业无法对自动提款机的技术长期保密。因此，知识社会的创新更多依赖创意，而不再是科学、技术的发明。

工业社会的创新依赖于科学知识的进步和科学知识引导下的工程技术的进步。但是，知识社会的创新规则已经悄然改变，知识社会也需要科学和技术的先进成果。知识社会的创新最繁荣的地方将不再是工厂、实验室和办公室，而是设计室、智库和网络空间。新时代基于创新的财富正源源不断地来自一些非科学与非技术研究渠道。例如生产电脑的中国工厂无论如何改进生产技术、压低成本，其获得的利润远远低于微软公司在最后一秒钟安装给电脑一套系统。作为基础的科学、技术的赢利能力以及它们对人类的直接服务能力并不强，附加值和财富大多发生在利用科学和技术的再创意上。如沃尔玛、亚马逊、微软、新东方都已经成为业界领头羊，他们采取的方法也不是研究物理、化学、技术工程学或分子生物学，而是利用崭新的方式来服务人类的工作和生活。知识社会里，公司依赖新创意和新概念赚钱；工业社会里，工厂依靠科学和技术的创新领先。

知识社会的新的创新方式需要大量的新式创新人才，他们的工作方式也不再是传统的八小时办公室方式。这些新式创新人才不再一定是发明家或科学家，但必须了解市场规则、社会交往、多种文化、心理学以及创造艺术，具有利用已有科学技术提出新创意、新概念的灵感。他们的工作也不必到办公室在那八小时内完成，客厅的沙发上、沙龙聚会中、散步在钢筋混凝土丛林时的思想火花都可能产生工作成果。

第五章　创新实践全面推动社会发展

通过对人类社会产生和发展的历史的系统考察，我们可以得出结论：世界是一个不断创生的本体，人类社会也是一个不断发展的本体，在世界进化和社会发展的进程中，创新实践是推动社会永远向前发展的动力。

第一节　创新是世界发展的永恒动力

创新不仅是社会发展的动力，整个世界的发展都是创新推动的结果。从世界产生的那一刹那开始，整个世界都处在永恒的创生过程之中，从微观粒子到宏观物质，从无机物到有机物到生命，从低等生命到高等生物到人类，从自然界到人类社会，人类社会从初期到现在到未来，从物质到精神，莫不在创新发展之中。

一、世界永远在创新

没有创新就没有世界，世界停止创新就停止了发展。

根据宇宙大爆炸理论，宇宙起源于一个能量极大、密度极大的原始体，经过一次突然的大爆炸，开始了世界的发展演化过程。在宇宙的零时刻，时间、空间、物质都还是混沌一团。在大爆炸的一瞬，物质开始创生，时间开始流逝，空间开始极速膨胀。先产生出微观粒子，先是夸克，然后形成电子、质子、中子，一段时间后形成原子、分子，一个很长的进化过程中逐渐形成无机物质和星系，地球也是在亿万年的进化中形成的。

地球形成后，地球上的物质继续演化。先是无机物的进化改变，无机物在进化改变的过程中产生出有机物。这个过程现代科学已经可以证实：已有实验在闪电的作用下用无机物合成氨基酸。现代尿素工业就是大规模地用空气中的无机物氮气合成有机尿素分子。有机小分子合成有机大分子，再进一步产生生物大分子，最后进化出生命物质。这个过程人类现在也已经用实验证实，人工合成胰岛素就是用非生命物质合成生命物质。

生命物质产生后，就进化出最初级的生命，如亚细胞生物。病毒实际就是一组 DNA 分子。接着进化出单细胞生物，然后生物进化产生出组织、器官、系统、个体、群体、生态系、生物圈。从微生物到动植物，从低等动植物到高等动植物，个体形成群体、系统，这一系列的过程都已经可以在实验室或自然界直接看到。

低等的生物向高等的生物进化，达尔文的生物进化论已经说明。这个过程现在还正在进行着。高等生物进化的结果产生了地球上最高级的生物——人，人类的世界开始了。

人类社会也是一个逐渐发展的过程。最开始，人的数量和群体都是很少的，后来人口逐渐繁衍，人的群体逐渐壮大，从氏族到国家，再到世界连成一体。人类的传说——非文字的历史、考古学和人类准确的文字记载的历史确证了人类社会的进化。我们现在还能看到世界正在发生的全球化过程。不仅人类社会的规模和连接程度在发展，其结构、组织方式与组织程度、社会的物质与产出能力、信息等都在持续地发展进化中。历史说明了这点，今天能看到这点，未来还会继续如此。

人类的思维从最初的智慧开始，也是处于不停的进化发展中。考古学和人类学证实，人的大脑容积在增长，人类的智慧在增长，人类的知识在增长，今天已经迈入知识大爆炸时代。但人类的智慧和知识还会继续增长。

人类社会处在持续的发展过程之中，并且处在永恒的发展过程之中。

可见，从无机的物质到生命，从动植物到人类社会，从微观的粒子到巨大的天体、星系，从有形的世界到无形的思维，整个世界都处在永不停歇的进化发展中。"自然界不是存在着，而是生存着并消逝着"。❶世界是个不断创生着的本体，在人类社会之外，是非自觉的自发创生；在人类社会，是人类自觉的创新实践，因为人有能动性。

以前有人认为世界是静止的，没有发展进化。例如，牛顿曾说天体星系的存在及其形式是不能改变的，"第一次推动"后就永远保持原来的样子。但是，科学证明了天体星系的存在及其形式是可以改变的，而且正在改变。恩格斯根据当时的科学知识指出："新的自然观的基本点是具备了：一切僵硬的东西融化了，一切固定的东西消散了，一切被当作永久存在的特殊的东西变成了转瞬即逝的东西。整个自然界被证明是在永恒的流动和循环中运动着。"❷现代

---

❶【德】恩格斯. 自然辩证法 [M]. 北京：人民出版社，1971：13.

❷【德】恩格斯. 自然辩证法 [M]. 北京：人民出版社，1971：16.

科学知识更证实了恩格斯的论断。

但是，有人提出，恩格斯的话中也包含"自然界在消逝着"，"自然界在循环中运动着"的词句。常识也告诉我们，世界一方面在创生，另一方面有许多个体在死亡，许多物种灭绝了。新陈代谢是世界的基本规律，生物界如此，星球也有的在生成，有的在消亡。世界总的趋势是在不停地创生和发展。对于恩格斯所说的在循环中运动着，并不是循环论，而是辩证的发展，每一次循环的运动都不是前一次循环的运动，"人不能两次踏进同一条河流"，循环论是错误的，早已被推翻。世界在永恒发展，因为世界永远在创新，创新是世界发展的永恒动力。

二、人类创新无止境

世界是普遍联系和永恒发展的，无限发展着的世界决定了人类创新永无止境。因为不断发展着的世界会出现新的情况、新的问题、新的课题，需要人类不断创新，去认识和解决。我们对世界的认识和改造都只是在一定条件下进行的，是对一定阶段一定情况的认识和解决。时间在向前行，事物在变化，人类对世界的认识和适应、改造也要随之而变化。不可能有一劳永逸的事情，不可能有终极真理，唯一不变的就是永不停歇地创新以适应永恒发展的世界。中华文明的摇篮——黄河，几千年来都在东流入海，哺育黄河两岸人民。但是，黄河每天都在变化，今天的黄河和五千年前的黄河大不一样了，今天我们时常要抵抗黄河水灾和凌汛；明天的黄河和今天还会不一样，"人不可能两次踏进同一条河流"，我们还要用新的认识和方法来对待未来的黄河。

世界是无限广大的，人类对世界的认识和改造不可能完全完成，人类必须不停地创新，去认识和改造无限的世界。我们现在只能接触到世界的极其小的部分，只能认识到这小部分中的一小部分，人类有能力影响和改造的就更小了。人类居住的地球我们都还知之不多，例如地层深处的情况、地震等。地球以外的星球我们只到达过月球几次，很短暂很浅表的访问，几乎算不上认识和影响。在太阳系、银河系、总星系，人类太渺小和微不足道了！人类要认识无限的宇宙，探询无限的奥秘，征服无限的世界，需要无限的努力，永不停歇的创新！这个过程不可能完成，因为世界无限广大，还在继续扩大和变化。

　　人类的认识和改造世界的能力是不停向前发展的，在拥有更新的认识和更先进的改造世界的能力后，就会打开更新的世界，要求更进一步的创新。这个过程也是无止境的。虽然人类在整个广大无边的宇宙中是非常微小的，但人类是具有能动性和发展性的主体，人类的能力也在不停歇地、无限地发展。不仅人类借以认识世界和改造世界的工具条件在进步，人类自身的智慧、知识、能力也在进步。在不同的主观和客观条件下，人类的认识和对世界的改造方式和结果也就不同，呈现创新性。这个进步的过程是持续的，创新也就是永恒而无终点的。

　　人的发展是无止境的，因而人的需求也是无止境的。人类需要永不停歇地创新来满足人类无止境增长的需求。人是最能变化和成长的主体，从猿到原始人到现代人到未来人，人处在不停的、永恒的进化发展中，人的需求也就继续变化发展。人之初时，迫切需要战胜虎豹熊狮的威胁；现在，迫切需要物质精神生态的协调满足；未来，人们的需要是自由个性和全面发展。而追求自由和全面发展将是个永无止境的过程。人类为了满足自己的无尽需要，就必须无尽的创新！

　　社会的发展也是无止境的，发展的社会提出更新的要求，人类要无止境的创新来响应社会无止境的发展。

第二节　创新实践协同推动社会发展

前文论述了三种基本创新实践形式分别促进了相应实践领域的发展，这只是为了突出每种创新实践对相应实践领域的最显著作用。实际上，三大基本创新实践对社会发展的动力作用是多向性的，并且是互相作用的，共同推动人类社会的发展。知识创新实践会引发技术创新实践和制度创新实践，而技术创新实践和制度创新实践也会为知识创新实践提供动力；技术创新实践促进了知识创新实践和制度创新实践，知识创新实践和制度创新实践也会影响技术创新实践；制度创新实践为知识创新实践和技术创新实践提供了更新的制度环境，知识创新实践和技术创新实践反过来也是制度创新实践的牵引因素。三大创新实践之间是互相促进互相影响而起作用的。

不仅三大创新实践如此，各种创新实践之间都是互相促进、互相影响的关系，他们对社会发展的动力作用也是多向性的，共同而全面地推动社会发展。

一、知识创新推动技术创新、制度创新

知识创新实践直接推动了人类认识的发展，它还推动了技术创新实践和制度创新实践。知识创新是技术创新的基础，是新技术和新发明的源泉，是促进科技进步和经济增长的革命性力量，也是制度创新的基础。

第一，知识创新实践是技术创新实践的源泉，技术创新实践所

创造的新的物质手段和方法，是新知识的物化与应用。技术是科学知识向实践的转化，没有新的知识就没有新的技术：电脑技术是电脑知识运用发展的结果，航天技术是人类对航天知识研究和运用的物化……就像技工掌握运用一门技术，总是先学会或探索出技术的知识然后才实践之（有些经验科学是在实践的基础上进行总结提炼而来的，例如我国的许多民间的药方，似乎并不是先有知识后有技术，但若没有对经验的总结，又怎么会有成型的药方？）；又如工匠做工艺品，必然先有设计在其脑中；即使工厂流水线上的产品，也是预先设计，连生产它们的流水线技术也是先设计而后建造投入使用的。人类的实践总是在意识的指导下进行的，虽然有下意识的行为，那只是人们的反应过于程式化不必要思考或过于快速反应，似乎没有经过反应似的，实际上还是大脑控制的结果。

知识创新实践推动技术创新实践的机制在于：一、知识创新使得世界从分配有限的有形物质资源的限制中解放出来，劳动者无限的智慧、知识和丰富的创造力催生出无限的技术创新；二、现代劳动工具已经智能化、网络化，知识和信息化成为人们生产中重要的杠杆，随着知识创新牵动智能工具和网络化工具的不断升级，也说明了知识创新实践对技术创新实践的推动作用；三、知识创新提高了科学、管理还有教育的水平，这为技术创新的组织和实现提供了基础条件；四、信息和知识在知识经济时代已经作为生产力中特殊的要素而存在，知识创新直接体现为生产力的发展，体现为技术创新。

不过，现代人类把知识转化为技术的能力实在很高、速率实在太快，科学与技术已经浑然一体，所以我们常常形成了科技是一回事的印象，其实是科学与技术的合称，并且是科学先导，技术随后体现科学进步的成果。当然，技术进步为科学发展提供条件是显而易见的事实。

第二，知识创新实践也是制度创新实践的精神先导。我们采用和建立什么样的制度一定是先认识到了这种制度，包括其样式、利弊等；认识的方式可能是学习得知，也可能是探索中逐渐深入认识；认识的程度或深或浅。但绝对不可能没有任何认识就建立起某种制度，那样就是有先天之知了，而先天之知是神话传说。虽然有在实践中摸索出来的新制度，之前我们对这种新制度并没有形成系统的知识，但一定对其有部分的知识，否则我们如何创造出来？只有有了知识基础，人才会在知识的指引下行动，无论这些知识是正确的还是不正确的；是完整的还是不完整的；是深入的还是浅薄的。例如16世纪的人文主义运动强调人的自由意志和个性解放，在政治上认为封建专制束缚了个性的发展，因此提出了共和制的主张，后来实现了它。知识创新带来了制度知识的创新，因而就会有关于制度的新认识、新理念和新设计，制度创新就会发生。因此，我们可以很肯定地下结论：知识创新实践是制度创新实践的源泉。

知识创新实践的高速发展已经使当今时代进入知识经济时代。知识经济时代网络、电信、出版物成为人类生活的重要工具，这些现代知识工具打破了时空界限，扩大了人们交往和联系的空间，加速了全球化进程，把世界变成地球村，深刻改变了人们交往的形式和方式，导致调节人们交往关系的制度实现重大转变以适应知识经济时代人类交往的新状态。

知识创新实践推动了全球化进程，并必将推动全球化最终实现。因为全球化所需要的交通、联络、物流和交流便利都是知识创新后实现的技术创新而得到的。即使全球化所面临的文化冲突、制度壁垒都会因为人类智慧而找到解决的方法。全球化深刻地改变了人们的交往状态。在渔猎时代和农业时期，人们在狭窄的地域范围内和有限的人群实现较为单纯的交往。近现代工业时代以来，随着邮电事业的发展，现代交通工具的使用，商品的流通，人们的交往范围扩大了，交往内容丰富了，交往方式多样化了。现在进入到知识经济时代，人们交往的内容突破了感情和物质的需要，信息交往成为重要的内容。因为人们在知识经济时代需要的信息量显著增大了，信息决定了创新和生活的内容。信息丰富和畅通，才能以获得高的效益和跟上社会的脚步获得幸福生活。知识创新实践也使得人们的交往方式突破了见面或通信的传统方式，不见面也能通过视频、可视电话、录像等方式实现"面谈"，不写信也能通过电话、网络、录音、印刷物传达信息，移动网络、移动电话实现了随时随地的联络。传统的交往制度过时了：对人身活动范围限制的居住地制度、出入境制度正在演化；对交往内容进行控制的制度，如书信审查制度已经取消，而对互联网内容进行管理的制度正在完善……马克思在工业社会时期就看到了这一点，认为资本和商品的流通开创了世界历史，将使每个文明国家以及这些国家中每一个人的需要的满足都依赖于整个世界，因为它消灭了以往自然形成的各国的孤立状态。

知识创新实践还直接改变了人们交往的内容和方式。戴布拉·艾米顿在《知识经济的创新战略》一书中指出："当我们进入下一个千年之际，我们发现，不论是个人、群众、组织，还是国家，都在重新思考相互作用的方式。""我们通过手指尖就有可能和世界上的任何国家或个人发生联系，不再受地域、民族的限制，这就使得人们的相互交往大大增加了"。知识经济时代人们相互作用的方式是竞争与合作共存。因为知识和信息可以共享而不用分割，并且在共享的过程中还会增值，这与以前有形物品的交往是绝对不同的，它造就了人们交往方式的绝对改变：由非此即彼的你死我活的竞争变成竞争合作的共生共赢成为可能。那么，人与人之间的关系制度也就随之改变。例如世界贸易从单纯的强权倾销到建立世界贸易组织，希望合作共赢。

二、技术创新推动知识创新、制度创新

技术创新实践直接促进了生产实践的发展，还促进了知识创新和制度创新，同时对社会各方面都有直接或间接的影响。

首先，技术创新实践促进了知识创新。技术创新的需要为知识创新提供动力。技术创新过程中会遇到很多现有知识解决不了的新现象、新问题，需要对原有知识进行创新。这种需要对知识创新的拉动力作用是巨大的。恩格斯曾说："社会一旦有技术上的需要，这种需要就会比十所大学更能把科学推向前进。"❶例如，过去人们对人与自然的协调发展不够重视，但由于包括环境、生态、生命科学和医学等在内的多门学科的研究和技术的发展，都发现了人与环境协调问题的存在。这促使人类对人与自然的关系进行深入的思考和研究，促进了该领域的知识创新实践。

技术创新为人类探索新知识提供了更先进的认知工具和检测手段。在这个知识爆炸的时代，如果没有现代化信息技术的支持，人们面对知识的浩瀚海洋只会手足无措。信息技术的应用扩大了知识获取范围，提高了知识收集速度，降低了取得知识的成本。例如互联网搜索技术的成熟，使得在海量的互联网信息中瞬间即可定向搜索到自己想要的特定信息。如果没有互联网，没有网上检索技术，人们获得知识的代价要高得多。一个人取得的知识创新通过现代信息技术，瞬间可以发布于世界互联的网络，瞬间又可以为世界所知道和利用。所以，信息技术提供了知识传播和收集的条件，改变了口传身授和书籍扩散的传统方式，使知识爆炸得以实现。现代技术创新还为知识整理和储存创造了便捷条件。知识爆炸也说明了知识量的巨大和急速增长。因而，即使利用现代检索技术收集得来的知识由于总量的庞大，也往往显得庞杂，需要对信息和知识进行加工

---

❶ 马克思恩格斯选集 [M]. 第 1 卷 . 北京：人民出版社，1995：732.

处理。传统的做法是人工审阅分类和筛选，这在知识量少的时代可以，在现代知识量无比巨大、知识更新无比迅速的时代是绝对不可能了。也许先前的还没有整理完而后续的知识又泛滥了。现代技术利用电脑的逻辑能力和互联网集合全世界的力量可以完成传统方式完成不了的事业。美国麻省理工学院开放了他们的上千门课程，中国的网友通过互联网集合全世界懂英语汉语人士的力量，也借助电脑技术，不到半年时间就完成了上千门课程的汉化！信息技术在知识积累方面的优势不仅表现在数量上，而且表现在知识的检索，归类和安全上。数据库技术把巨量的知识压缩成电脑数据，储存在小小的电脑芯片或光盘中。一张小小的光盘可以存储一个小型传统图书馆的信息！这样的存储技术使知识的保存和移动既方便又安全，并且历经多年而无损坏和改变。数据库技术还能对存储的信息知识进行检索，补充新知识信息，淘汰过时的知识信息并对知识信息进行归类。

其次，技术创新也促发了制度创新。技术创新实践是制度创新实践的物质基础和技术条件。根据历史唯物主义的观点，技术创新实践属于生产力领域的发展，它导致了生产关系的变革和进步，生产关系又作为经济基础，决定了人们之间政治交往和精神交往关系的变革和进步，从而引发制度创新实践的展开。技术创新实践所得到的生产力的提高和经济的发展，是制度创新实践发展的根本原因。另外，相应的制度创新实践的进行需要相应的物质技术条件支持。例如，大规模生产流水线代替家庭作坊后，原来的血缘、地域和宗法所起的作用变得微乎其微，人与人之间的关系变成了以机械和金钱为中介的人际关系。现代信息技术的广泛使用又一次重塑人际关系。自动化技术使人从机器旁解放出来，通信技术使人不再固定并聚集于狭小的时空区间，计算机技术使每个人都可能发挥自己的主观能动性。新的人际关系必然要建立新的制度。封建的保甲制度被彻底粉碎，便于人口流动的身份证制度建立起来。

三、制度创新推动技术创新、知识创新

制度创新实践直接推动了社会关系的发展，也还促进了技术创新实践和知识创新实践。

首先，制度创新促进了技术创新，从而推动生产力的发展。在同样的经济技术条件下，制度安排不同，技术创新的成效就不一样。官僚化的科研体制，大锅饭的分配体制，必然窒息技术创新。科研与生产紧密相连，生产竞争向科研提出有力的需求，科研能顺利转化成效益，这样的制度就会促进科学技术的发展。如果还有政府和文化的促进科研的因素（这些因素通过制度确定成稳固的方式），生产力乃至整个社会就会因为科技的进步而发展。离开了制度支撑，即使有再多的投入，科研也会成为一潭死水；即使有了技术发明，也很难变为巨大的现实生产力，很难达到经济上的跨越发展。当然，制度创新与科研发展的关系也不是单向的。科学技术的进步也会推动制度的创新。因为有些制度的创新需要一定的经济、技术、理论支撑，没有一定程度的经济和科技发展，制度创新也难以顺利实现。

制度创新对技术创新的推动作用体现在两个方面：一是制度创新改进了生产的组织方式和环境。新的生产力要求新的生产关系和意识形态与之相适应，制度创新解除了旧生产关系和旧意识形态的束缚，建立起了适应新生产力的生产关系和意识形态，促进了新生产力的发展，如社会主义市场经济制度取代僵化的计划经济制度。二是制度创新对新技术的价值取向给予规范。技术具有功效性和价值性。新技术要么提高了原有技术的功效，要么开创了新的生产方

式。但是，技术的价值性具有双刃剑性。克隆技术既可以服务于人类，也可以造成人类的伦理难题甚至繁衍混乱而至灭亡。制度创新可以对技术的价值进行规范，保证技术服务于人类前进的方向。

四、三大创新实践协同推动社会全面发展

在人类社会发展的历史上，技术创新、制度创新、知识创新三个方面相互联系、相互影响，共同构成了社会发展的主要推动力量。创新实践对社会发展的效用是一种协同作用。因为社会是个多种因素组成的系统，每一项创新的功能实现不仅取决于该项创新，还取决于社会其他创新的匹配。例如，技术创新能否给企业带来预期的绩效，能否提高创新工作效率，很大程度上取决于能否同制度创新协同与匹配，新技术的操作知识是否为员工所掌握。具体说来，制度创新实践是知识创新实践和技术创新实践的制度环境，知识创新实践和技术创新实践需要一个稳定并有序竞争合作的制度环境；技术创新实践是知识创新实践和制度创新实践的物质环境，知识创新实践和制度创新实践所需要的工具、技术、手段和物资，这都是技术创新实践提供的；知识创新实践是制度创新实践和技术创新实践的理论基础和精神先导，制度创新实践和技术创新实践所需要的理论指导，这是由知识创新实践所提供的（知识创新除了理论指导之外，还具有观念更新的功能，例如西方的文艺复兴运动、启蒙运动和我国的五四运动等）。三大创新实践就是这样交织在一起的。知识创新实践成果能迅速在技术创新实践中应用，技术创新实践对知识创新实践提供的强大技术支持和提出的新的课题，使科学等方面的知识与技术的关系越来越密切；知识创新实践的成果也应用于制度创新实践，制度就是主体的思想观点和知识的体现，制度

创新实践影响着知识创新实践并在制度知识方面验证和发展着人们的知识；技术创新实践和制度创新实践也交织在一起，技术支持了制度，制度保障了技术。

社会发展的宏观过程一般是这样的：社会生产力发展到与原有的旧制度再也不能相容的地步时，随着生产力发展起来的新的社会思想也发展到了相当程度，一大批思想家应运而生，一场大的思想运动逐步掀起，最后导致制度的变革。制度变革的成功，又推动知识创新和技术创新的进一步蓬勃发展，社会生产力继续发展。这是一个循环互动的过程，虽然有时这种互动方式是间断性和跳跃式的（社会质变），有时是连续性和和风细雨式的（社会量变）。

从以上论述可以看出，三种基本创新实践形式不是孤立的，而是互相促进互相影响的；它们对社会发展的动力作用不是单向度的，而是多向度的；它们对社会的作用也不是孤立的，而是协同在一起共同起作用的。基本创新实践形式以外的其他创新实践形式的情况也是如此，它们共同推进着社会的全面发展。

三大创新实践对社会的推动作用并不仅限于各自独立的领域和彼此间的相互作用。实际上，三大创新实践对社会的推动作用是全面而深刻的。

人类已经步入知识社会，知识浸润在社会生活的每一个角落，社会的每一个层面。知识创新不仅直接推动了人类知识的丰富、发展和人类智慧的提高；知识创新实践还与技术创新实践和制度创新实践一起，以协同的方式推动社会的发展；更由于知识功效的全面性，知识创新对人类社会的动力作用是全面的，知识创新对教育、文化、体育、艺术、卫生和其他众多因素都有推动作用。

技术创新对社会发展的动力作用也不仅仅是推进生产力的发展，它甚至可以引发整个社会面貌的改变。例如工业革命"机器代替手工工具把作坊变成了工厂，把中等阶级中的劳动分子变成工人无产者，把大商人变成了工厂主，形成了工人与资本家的对立"。马克思在《1857—1858 年经济学手稿》中指出，"火药、指南针、印刷术这是预告资产阶级社会到来的三大发明。火药把骑士阶层炸得粉碎，指南针打开了世界市场并建立了殖民地，而印刷术则变成了新教的工具，总的来说变成科学复兴的手段，变成对精神发展创造必要前提的最强大的杠杆"。在他看来，"蒸气、电力和自动纺织甚至比巴尔贝斯、拉斯拜尔和布朗基诸位公民更危险万分的革命家。"

制度创新全面影响着社会状况，因为现代社会已经是个制度化的社会，人类生活的群体化层面都已经制度化了。奴隶制时代的罗马由于率先创立了共和制，便有了古罗马帝国的强盛，对欧洲文明和世界文明产生了深远的影响。中国在秦朝建立起中央集权制度，最先进入封建时代，奠定了中国封建王朝的独尊地位。英国率先建立资本主义制度，所以"日不落帝国"旗帜差点儿插遍全世界。李约瑟博士在考察中国科技史时提出了"李约瑟难题"：为什么工业革命最先爆发在英国，而不是有着悠久历史文明的中国？为什么在公元 15 世纪以前，中国的科学技术远远领先于西方，为什么后来却会让欧洲人领先呢？为什么中国的古代科学没有进化为真正意义上的现代科学？中国的封建科举制度把知识分子禁锢在八股文里，而西方资本主义制度刺激着人们竞相采用先进的科学技术以获取利润。

制度创新不仅影响社会，还影响社会中的个人。因为不少个体，个体的不少方面，都已经个体性的制度化了。例如不少人制定了作息制度，生活饮食起居贯彻健康制度等。此外，制度创新还推动着文化生产和文化消费的普遍联结、协作、交流和共享。个人的生活、学习、工作、行为、思考无不浸淫在特定的文化中，受着文化的塑造。制度创新使人们广泛参与全球性的文化生产和文化消费

（如文化封锁制度进化为文化交流制度），把具有世界普遍意义的东西变成个人活动的前提，从而实现文明共享、促进人的自由和全面发展。

一般说来，三大创新实践对社会发展的推动作用的全貌是：知识创新实践直接推动了科学的进步，引发技术创新；技术创新实践直接推动了人类生产力的进步，在先进生产力的作用下和知识创新的引导下，制度创新随之出现；制度创新实践直接推动了人类社会组织的进步，为知识创新和技术创新提供制度保障。三大创新实践还使社会的其他方面都深刻变化，使整个社会的面貌深刻改变！下文以资本主义产生过程为例说明这个过程：

知识创新实践为技术创新实践准备了科学和理论知识前提。"美洲的发现、绕过非洲的航行，给新兴的资产阶级开辟了新天地。东印度和中国的市场、美洲的殖民化、对殖民地的贸易、交换手段和一般的商品的增加，使商业、航海业和工业空前高涨。"❶没有美洲的发现、新航道的开辟，商业、航海业和工业不会迅猛发展。接着技术创新实践导致的生产力的进步要求制度创新，又在知识创新实践所准备好的制度知识和理论的协同作用下，社会制度创新实践得以展开。"以前那种封建的或行会的工业经营方式已经不能满足随着新市场的出现而增加的需求了。工场手工业代替了这种经营方式。行会师傅被工业的中间等级排挤掉了；各种行业组织之间的分工随着各个作坊内部的分工的出现而消失了"。❷这种生产制度的改变既是新生产力的要求，又是新生产力的体现。

正如《共产党宣言》所说："大工业建立了由美洲的发现所准备好的世界市场。世界市场使商业、航海业和陆路交通得到了巨大的发展。这种发展又反过来促进了工业的扩展，同时，随着工

❶ 马克思恩格斯选集 [M]. 第 1 卷 . 北京：人民出版社，1995：272.
❷ 马克思恩格斯选集 [M]. 第 1 卷 . 北京：人民出版社，1995：272.

业、商业、航海业和铁路的扩展，资产阶级也在同一程度上得到发展，增加自己的资本，把中世纪遗留下来的一切阶级都排挤到后面去。"❶大工业是当时人类技术的巨大进步，美洲的发现是当时人类知识的巨大发展，世界市场是人类制度的巨大创新，它们不仅在这三个方面把世界改变了模样，还使整个社会都起了全面的、革命性的变化。因为资产阶级"把中世纪遗留下来的一切阶级都排挤到后面去"。"资产阶级在它已经取得了统治的地方把一切封建的、宗法的和田园诗般的关系都破坏了。它无情地斩断了把人们束缚于天然尊长的形形色色的封建羁绊，它使人和人之间除了赤裸裸的利害关系，除了冷酷无情的'现金交易'，就再也没有任何别的联系了。……它把人的尊严变成了交换价值，用一种没有良心的贸易自由代替了无数特许的和自力挣得的自由。……资产阶级抹去了一切向来受人尊崇和令人敬畏的职业的神圣光环。它把医生、律师、教士、诗人和学者变成了它出钱招雇的雇佣劳动者。"❷马克思恩格斯在这里深刻指出了三大创新实践对社会全面和彻底变革的作用：在资本主义兴起的 19 世纪上半叶，三大创新实践推动了社会知识，技术和制度的变化，催生了资产阶级并成为统治阶级，资产阶级粉碎了封建社会的人际情感关系、社会结构关系和交换关系，代之于"赤裸裸的利害关系"；改变了人们的价值观念；改变了职业分工的特征；改变了经济发展的样式……整个社会都改变为资本主义社会！

这个过程是周而复始的永恒循环，是人类社会发展的一般规律。因为"市场总是在扩大，需求总是在增加"。历史在一次又一次地重演着当年的故事："甚至工场手工业也不再能满足需要了。于是，蒸汽和机器引起了工业生产的革命。现代大工业代替了工场

---

❶ 马克思恩格斯选集 [M]. 第 1 卷 . 北京：人民出版社，1995：273.

❷ 马克思恩格斯选集 [M]. 第 1 卷 . 北京：人民出版社，1995：273.

手工业；工业中的百万富翁，一支一支产业大军的首领，现代资产者，代替了工业的中间等级。"知识创新、技术创新和制度创新协同推动了社会全面的变化发展。

五、其他创新实践对社会发展的推动

整个社会生活是实践的，而社会生活是丰富多彩的，在三种基本实践形式外，还有其他一些实践形式，如教育实践、医疗实践、艺术实践等。正是各种各样不同内容和形式的实践相互补充、相互促进，才使人类的社会生活具有丰富的内容和多样的形式。同样，在三种基本创新实践形式之外，相应也还有其他丰富多彩的创新实践形式，如教育创新实践、医疗创新实践、艺术实践创新等。正如整个社会生活都是实践的一样，整个社会生活的发展都是创新实践的。各种各样不同内容和形式的创新实践相互补充、相互促进，全面推动了社会发展。例如艺术创新实践推动了社会艺术的发展，医疗创新实践推动了社会医疗事业的发展，社会生活的各个方面的发展都是创新实践推动的结果；而且，各种创新实践还是互相协同而全面推动社会的发展。例如技术创新不仅直接推动了生产力的发展，还推动了医疗创新实践，并与医疗创新实践一道推动了社会医疗水平的提高。

社会发展是个不断创新的过程，也是个全面创新的过程。因为社会的各个方面都在永恒地向前运动发展着。人类的创新实践是持续而全面的，贯穿于人类社会的始终，蕴含在人类社会的各个方面。正是人类持续而全面的创新实践推动了人类社会永恒、全面地发展。

不过，要说明的是，根据不同的标准对创新有不同的分类，如理论创新、科技创新、管理创新、文化创新、产品创新、营销创新、体制创新、社会创新、主体创新、个人创新等。因为分类标准不同，相对应的林林总总的创新实践概念与三种基本的创新实践之间有一定的关联性，但不构成并列关系（按实践标准划分出的其他创新实践形式与三种基本创新实践形式之间形成主体与补充关系）。❶撇开名称上的异同，我们依然可以得出结论，全面的创新实践全面地推进着社会的发展。

　　创新实践是推动社会永远向前发展的动力，各个层面的创新实践全面推动了社会的发展。人类社会的关系包括人与自然的关系，人与人的关系，人的物质与精神的关系。技术创新实践推动了人与自然的关系的发展，制度创新实践推动了人与人的关系的发展，知识创新实践推动了人的物质与精神的关系的发展。在这三大基本创新实践之外的各种创新实践与三大基本创新实践一起推动了人类社会全面发展。人类社会是以个体的人为基础的，中间经过家庭、单位、国家而最终组成一个人类世界。创新实践在总体上推动了人类社会的发展，对于个体的人以及家庭、单位、国家等群体也具有同样的推动作用。

---

❶　现在社会政治领域常提的三种创新是：理论创新、科技创新和制度创新。理论创新包含在知识创新之内，因为理论是体系化的知识。在论述知识创新实践时包含了理论创新实践的内容。科技创新实际上是科学创新和技术创新的合称，由于科学和技术的紧密关系而统称在一起。科学是人类在科学研究中获得的具体规律性知识的理论体系，所以科学创新实践包含在知识创新实践中，科技创新实践是技术创新实践与知识创新实践中的科学创新实践的加合。至于其他的创新分类，与本书论述的三种基本创新之间具有关联性。例如管理创新则以知识创新为基础，以制度创新为表现，受技术创新的牵制。

第三节　创新实践推动各层次主体发展

创新实践推动了社会发展，不仅表现在整个社会层面，还表现在组成社会的群体和个体的动力作用上。哲学把主体划分为个体、群体、类主体三个层次。个体即个人；类主体即整个人类，是本书所指的社会（整个人类社会）；群体是介于个体与类主体之间的一群人。按照社会学的分类，群体可以划分为国家、地区、社区、企业组织、事业组织、社群组织等。国家、地区、社区是按照行政地理划分的，以国家与创新实践的关系最为典型；企业组织、事业组织、社群组织是按照群体的功能划分的，现代社会中创新实践对企业组织的推动最为显著。本书从国家和企业两个方面论述创新实践对群体发展的动力作用。

创新实践对社会发展的动力作用的普遍意义也对国家和企业等群体同样适用，只是国家和企业等群体还具有自身的特点，创新对他们的动力作用在普遍性之外，还有具体性。为避免重复，下文仅论述创新实践对国家、企业和个人的具体动力作用。

一、创新实践对国家发展的意义

国家是社会的组成部分，创新实践对社会发展的推动作用从机理到实践表现上都适用于国家。国家还是创新实践的组织者之一和创新实践竞赛的参与者之一。现代国家之间的竞争归根到底是创新实践的竞争。各国之间的竞争在根本上就是技术创新、制度创新、知识创新、文化创新的竞争，技术先进、制度优越、思想和科学领先、文化昂扬的国家是必然的胜者。因此，各国都重视和推动创新，纷纷提出了建立创新型国家的口号，开展国家创新体系建设。

创新是一个国家提高或保持国际竞争力的手段。美国处于世界领先地位就在于其创新的繁荣。各个国家要在国际竞争中取胜就必须大力发展创新。各国纷纷制定和实施创新战略，尤其是科技创新。科技创新是发达国家保持优势的制高点，大力推进科技创新，已经成为各国增强实力、进行竞争的焦点。美国政府在信息技术领域推出了"电子政务战略""国家计算机网络安全战略"，与企业制定了推广宽带网技术的合作计划；在生物技术领域，启动"后基因组"研究战略，资助"生命基因组"项目，参与国际遗传变异图谱计划；在纳米科学领域，大力执行"国家纳米计划"。为了鼓励科技创新，美国近年制定了"拜杜法"，还先后四次颁布"技术转移和发明者保护法案"。日本为缓解经济长期低迷状态，提出了"科学技术创造立国"的基本国策，出台了"产业技术能力强化法""经济结构调整与创造行动计划""国家研究开发评价大纲"，制定了促进科研成果向企业转移的法律。加拿大也于 2002 年推出"加拿大创新战略"，确定扩大创新知识的市场化及对研发的投入；创造更有利于创新的环境，特别是经营和法律环境；支持地方创新；确保拥有足够的高素质合格人才。政府为此制订了一系列具体的科技创新计划，如工业研究辅助计划（IRAP）、技术伙伴计划（TPC），还调整了原有机构职能或设立新的机构，如实业开发银行（BDC）重点扶持创新企业的生产阶段，出口开发公司（EDC）和商业公司（CCC）主要为创新企业的市场营销提供帮助。加拿大还制订了"安全、创新和环保"的新农业路线，出台了面向 21 世纪的农业政策框架，框架把食品安全与质量、知识更新、科技创新及风险管理，作为未来农业发展的重点。印度则确立了到 2010 年建成"知识大国"的国家创新战略目标。信息技术已经成为印度经济发展的主要驱动力，这主要得益于政府的高度重视和一系列的优惠政策。印度政府成立了内阁信息委员会，增设了信息技术部，颁布了"信息技术法"，并制定了优惠政策，吸引海内外企业投资发展信息技术。十多年来，印度软件业一直以年均 50％以上的高速度增长。

创新还是一个国家政治祥和、社会稳定、人民生活幸福的保障。制度创新为国家建立起适应社会发展的国家制度，技术创新为人民创造出丰富的物质财富，知识创新提高该国的精神文明程度。世界在变化，不同以往的各种问题层出不穷，人民的需求日益增长，需要创新来解决一系列的问题。

创新是维持国家正常功能和发展的基础。国家是一个活体，而不是一个静止物，它需要和外界发生物质、信息和能量的交换，需要随着世界的变化和它自身内部的变化而相应变化才能正常运转并向前发展。与世隔绝、拒绝创新变化的国家只能走向崩溃。闭关锁国的清朝末年就是生动的说明。改革开放的中国取得的巨大进步说明了开放创新对一个国家发展的重大意义。

创新也是决定一个国家的世界角色的根本原因。国家弱小或强大都不是一成不变的。弱国能够通过创新发展起来，在世界发出自己更强的声音；强国若创新乏力，日渐走下坡路，则在世界上就会扮演"落后挨打"的角色。大英帝国的兴衰，朝鲜和韩国的对比，都深刻地揭示了这个规律。

国家的发展繁荣，竞争成败直接取决于该国的创新水平。在现代世界，创新成为时代特征和各国竞相追逐的目标，如果一个国家创新乏力，就必然会落后于他国。更为严重的是，各国之间在进行着创新竞赛，即使一个国家的创新已经很努力，如果相对于其他更努力有效创新的国家，该国还是会落后于人！另外，国家还会承担创新的风险：创新的投入过大而产出相对过小或过迟，在世界各国的创新竞赛中也会遭到淘汰。当然，该国的代价对整个社会来说依然是财富。因此，创新对于国家的意义，较之对于社会的意义，不仅有绝对的推动作用，还有相对的比较竞争作用，决定了国家的进退荣衰。正是这种比较竞争作用，才迫使各国纷纷创新，在各个领域促进创新。就我国的情况来说，目前我国科技人力资源总量已达3200万人，研发人员总数达109万人，分居世界第一和第二位，在生物、纳米、航天等领域的研发能力已跻身世界先进行列。但我国科技总体水平与世界发达国家还有较大差距，科技总体竞争力还处于世界低位，特别是技术专利和自主知识产权少，致使企业的核心竞争力不强。例如，我国集成电路芯片、数控机床等制造装备的70%依赖进口。我国已成为PC机生产和消费大国，但CPU芯片和操作系统两大核心技术却掌握在英特尔和微软手中；汽车行业90%为合资品牌，但关键技术都掌握在外方手中。因此，党中央提出大力推进自主创新，建设创新型国家，才能赶上世界先进国家。我们的进步也是创新的结果：改革开放是最大的创新，经济、政治、文化、社会的进步也都是创新的成果。我们暂时落后于人也是创新暂不如人的结果。未来中国超越他国，也只取决于创新超越于他国！

二、创新对企业的意义

创新对整个社会和国家的意义是全面的，而企业的主要目的是赢利，因此经济目的是企业创新的最大动机。企业间的竞争是最直接和最残酷的，决定竞争胜败的法宝是创新。创新决定了企业的竞争优势，即决定了企业的赢利能力和生死进退。

现代社会的竞争格局决定了企业必须持续创新才能在残酷的竞

争中生存和发展。在当今，全球经济一体化、信息化、网络化的趋势下，科学技术日新月异，经济生活瞬息万变，每一个企业都应当学会用世界的眼光从高处和远处审视自己观照对手，随时发现自己的弱点和缺点，研究对手的长处和优势，通过改革和创新，克服自己的弱点和缺点，赶上和超越对手的长处和优势。否则，随时都有被淘汰的可能。企业只有创新才能在竞争中获得相对优势，或者与其他企业形成差异化竞争，并只有通过不断创新才能保持其核心竞争力。按照熊彼特的观点，创新一方面提高物质生产要素的利用率，减少投入；另一方面又通过引入先进设备和工艺，从而降低成本。同时，也只有通过创新，创新出与众不同，才能形成企业独特的品牌优势。而且，企业处在"永远的追逐"中，必须持续的创新才能基业长青。一个企业若缺乏创新意识，只做仿造品或落后的产品，没有竞争力，便会导致产品不能适应市场，很快就会被对手消灭，被市场淘汰，将企业推向灭亡。吉尔伯特公司在它倒闭之时，已经有大约 58 年制造儿童玩具的经验了。它的名字曾经令人敬佩，它的产品曾经一直都行销固定的市场。然而进入 20 世纪 80 年代以来，公司创新乏力，竟仿着别人的成品来制造玩具，并且制造质量拙劣，玩具遭到大量的退货，失败就来得很快。

企业自身发展的规律也决定了企业必须持续创新才能生存和发展下去。根据帕金森定律，组织有自动惰化的趋势，如果不加以主动的改革，必然最终走向崩溃。也就是说，组织必然面对各种问题，必须要进行创新加以克服，否则就会灭亡。熊彼特也认为，资本主义经济的最本质特征就是创新，资本主义不断突破自身的各种局限性和经常发生的经济危机，其最主要原因就是资本主义经济的自发创新的机制。这些理论对企业同样是适用的。因为企业就是一种组织。创新是带有氧气的新鲜血液，是企业的生命。创新是企业生存的根本，是发展的动力，是成功的保障。所以美国通用电气公司以"进步是我们最主要的产品"为基本理念，比尔盖茨则主张"在微软，唯一不变的东西就是变"。美国管理学家劳伦斯·米勒指出，追求卓越并非是一种成就，而是一种永不满足的追求出类拔萃的进取精神和心理状态。面对市场竞争和技术进步的挑战，企业必须确立一种面向未来的忧患意识和时不我待的紧迫感、危机感，使企业始终保持在持续创新的动态过程中，不断提高企业的核心竞争力。

企业生存于社会大环境中，大环境日新月异的变化迫使企业持续创新才能"适者生存"。社会是变化的，市场是变化的，消费者的需求是变化的，企业唯有创新才能适应。在20世纪二三十年代，福特一世以大规模生产黑色轿车独领风骚数十载，但随着时代变迁，消费者的消费需求也发生着变化，人们希望有更多的品种、更新的款式、更加节能省耗的轿车。而福特汽车公司的产品，不仅颜色单调、而且耗油量大、废气排放量大，完全不符合日益紧张的石油供应市场和日趋严重的环境保护状况。此时，通用汽车公司和其他几家公司则紧扣市场脉搏，制定出正确的战略规划，生产节能省耗、小型轻便的汽车，在70年代的石油危机中，跃然居上。福特公司被迫对市场变化和竞争对手的挑战做出应对，通过创新，生产出更多更新款式、更省油的汽车，才渡过难关。所以福特公司前总裁亨利·福特深有体会地说："不创新，就灭亡。"

创新对于企业的意义，从成功的方向来看，微软公司是很好的例子。创新使微软成长壮大，逐渐打败对手并成为行业老大；持续地创新使微软继续在软件业独领风骚。如果微软创新落后于人，它也将失去第一的位置。从失败的方向来看，中国一些消失的百年老字号是经典的案例。尽管他们已经生存上百年，成了百年名店，但没有跟着市场和时代创新，还是被市场抛弃或被对手打败。同仁堂药业是中国的百年老字号中药销售商，也曾经因为管理、技术、营销等落后于国际和国内其他药业，一度面临危机。现在同仁堂药业在药品的生产技术、品种、营销等方面大力创新，适应市场和竞争，才重新焕发活力。

三、创新对个体发展的作用

实践是人的生存方式，人类创新实践在推动社会发展的同时，必然推动人自身的发展。个体人的生存生活和发展状态总是受到他所处的社会物质精神水平的制约，社会在创新实践的推动作用下向前发展，为社会中的每一个人提供了更高水平的个体发展条件。在渔猎时代，无论个体如何杰出，他也绝对制造不出登月飞船，只能在门前的葡萄架下对着月亮想象吴刚和嫦娥的传说，因为那个时代无法给他提供飞向月球的知识、技术和物质条件。马克思主义哲学认为，人的自由而全面发展的过程是人类由必然王国向自由王国飞跃的历史过程。无论是在自然领域还是在社会领域，自由总是意味着通过实践驾驭客观必然性，从而对客观世界所实行的改造，这种改造活动不可避免地要受主客观条件的制约。从主观方面来说，要受到人的认识能力和实践能力的制约。从客观方面来说，一方面要受到对象自身作为过程展现程度的制约；另一方面还要受到客观上所能提供的物质手段和条件的制约。实际情况只能是主客观条件发展到什么程度，人们从必然王国向自由王国的跃进也就到什么程度。如果人不能在自然规律和社会规律面前获得自由，人就不能获得真正的解放。在自然规律面前获得自由就必须能够认识自然、驾驭和使用自然力，不受盲目的自然力的控制和束缚；在社会规律面前获得自由，从根本上讲就是要最终消除人对人的剥削关系、压迫关系和统治关系。这些自由的获得，人的真正解放，必须由创新实践一步步地去解决。人类对自然的认识和改造能力，人类对社会的认识和改造能力，都在历史性地发展着，知识创新实践、技术创新实践和制度创新实践推进了这种发展。实际上，由必然王国向自由王国的飞跃是一个永无止境的发展过程。创新实践对社会发展和人的自由而全面发展的推动作用也是一个永无止境的历史过程。

人的自由而全面的发展是每个人的追求，也是人类社会发展的价值取向。新时代条件下，人的自我发展的愿望空前强烈。对单个个体的人来说，当劳动不再成为谋生的手段，而成了生活的第一需要，他有充分自由的时间可供自己支配，可以用来从事科学、艺术、理论、哲学等活动；他不仅过着富裕的物质生活，而且享受着高尚的、丰富的精神文化生活时，人类才真正从动物的生存条件进入人的生存条件，这个人才获得全面自由的发展。人的全面发展是人的发展的最理想的境界。就个人而言，是指德、智、体、美、劳和谐完整的发展；是指个人潜力和智能的最大限度的发挥；是指个人需要的全面丰富和满足，是指人的本质真正的实现。这个目标的实现和过程的发展都必须依赖人类伟大的创新实践。第一，创新实践可以为人的发展提供强大的物质基础。技术创新实践提供了越来越高的生产力，创造出了越来越丰富的物质成果，解决了人的全面发展中由于物资短缺而带来的困境。第二，技术创新实践提高了物质生产力，知识创新实践提高了人们对新生产力的认识和掌握，制度创新实践创造出了更有效的生产组织形式，大大提高了生产效率，缩短了必要劳动时间，为人们赢得了更多的自由时间。渔猎时代是手工生产力阶段，人的生产主要靠自身体力和灵巧；农业时代是畜力生产力阶段，人类利用牲畜的力量来生产；工业时代是机器生产力阶段，机器代替和扩大了人的体力；知识经济时代是智能生产力阶段，智能机器甚至部分地代替了人的脑力。这本身就是一部人类自由解放的历史。第三，创新实践改变了人类的生活方式。产品的生产从手工式的低效到工厂化的大批量再到高效率的多品种，为人们提供了个性的丰富的生活产品。人们对社会对人生的深化认识为人们提供了多元而自主的思想和精神生活。人类的生活更加个性化，人有了更多的自由空间。第四，创新实践进化了人与人的关系。人的本质是现实的社会关系的总和，个人是无法离开他人和社会而完全孤立地发展的。物质产品的丰富为减少人与人之间的物质争夺创造了必要的条件，精神品质的提高推进了人与人交往的和谐，制度创新为消除人与人之间压迫和剥削、实现平等共赢提供了制度保证，实现了人类的共同发展。

在马克思主义哲学看来，人类总是不断发展的，自然界也总是不断发展的，个体人也是在不断发展，永远不会停止在一个水平上。因此，人类总得不断地总结经验，有所发现，有所发明，有所创造，有所前进。这个过程永远不会完结，创新实践永远推动着人的发展。

需要特别指出的是，本书论述的是创新实践对社会发展的动力作用，所以前文着力论述了各创新实践之间的互相促进作用。实际上，各创新实践之间还有互相影响、互相制约的一面。例如，制度创新落后就导致社会的制度环境不利于创新勃发；或者技术创新落后，社会就缺乏创新的物质技术条件。

各种创新实践对社会的动力作用是受社会多种因素合力制约的。可能某一项创新正好满足了社会的需求，社会具备推广它的各项条件，它的动力作用就会放大，呈现蝴蝶效应；也有可能某项创新本身很有利于社会，也具备一些实现的条件，但某种关键条件不具备时也可能使其功效大打折扣。

三大基础创新实践对社会的动力作用的效果是有区别的，随着具体条件的不同而变化。当今时代知识创新最为繁荣，对社会推动最大。但在工业革命时期，技术创新是社会发展的最大动力。一般来说，技术创新推进社会生产力发展，生产力是社会发展最活跃的因素和基础，因而技术创新是基础；制度创新为其他创新提供了环境条件，因而制度创新是保障；人类的行为在总体上是先有思想知识再有行动，所以知识创新是先导。

第六章　走向创新时代

在总体和本质上来说，创新实践推动了社会的发展。但是，具体的过程是有各自的特殊性的：可能快也可能慢、可能规模大也可能规模小、可能深刻也可能浅表。如何让创新实践深刻快速更大规模地推动社会的发展？一是推进创新实践的发展，更多的创新成果必然对社会发展的推动作用会更大；二是让创新实践的成果更直接、更有效、更迅速、更广泛地推进社会发展。

第一节　促进创新实践的发展

创新实践大发展，创新成果不断涌现，才能大力促进社会发展。创新实践成果的获得，是创新实践的主体、创新实践的环境条件共同作用的结果。

一、提高主体创新绩效

创新实践的主体既可以是个体的人，也包括群体的人。一项创新成果可以直接是个体人取得的，也可以是群体参与的结果。但本质上，在高度社会化的今天，纯粹单个的人要完成一项创新实践是不可能的，即使从直接的意义上来看，是个人独立实践的结果，但个人也不可能不借鉴前人的成果和间接地得到他人的帮助。至少，一项创新成果的社会化推广是必须由社会来完成。而创新实践对社会发展的作用必须通过社会化过程才能实现。不过，群体的人也是由个体的人组成的，只要研究清楚促发个体人创新的机制，再研究群体环境对群体创新的影响，就能找到提高主体创新绩效的途径。

1. 提高主体的创新实践能力

创新实践能力指主体从事创新活动的智力、体力、言语表达和行为等的能力综合体。它受主体的创新素质的先天影响，也受主体后天训练获得的创新技能的影响。创新素质是指日后创新能力得以产生和发展的源初性的个性品质，如求知欲、独立性、质疑态度、自由思维能力、逻辑能力、行为素质等。这些东西尽管还不是创新能力，但却是创新能力的先天基础。创新技能是反映创新主体行为技巧的动作能力，主要指熟练掌握和运用创新技法的能力，包括创新的信息加工技能、一般的工作技能、操作技能、创新成果的表达以及物化能力等。创新技能是一种智力特征和行为特征综合的能力，可以通过后天的学习和训练得到提高。当然，提高的程度和速度取决于主体的先天素质和后天学习训练的情况。在创新活动中创新主体的素质很大程度上决定着创新的速度与质量，而要提高创新主体的素质，主要依靠科技进步和科技教育。所以，从这一角度来看，科技进步是创新的推动力。现实实践中，创新主体为了获得利益最大化,常常有学习和运用最新科技成果的强烈愿望和持久动力。

通过优生优育和人类进化可以提高主体的先天素质,本处主要研究的是如何通过后天的学习和训练培养提高主体后天的创新技能,这主要是指传递给主体创新技法,使之在创新实践中运用,提高创新绩效。

创新技法包括质疑、反思、扩散思维、集中思维、打破定式、探究机理、模仿、类比、移植、新组合、综合等。质疑是对既有结论的挑战,往往能得到新的结论,当然很多时候只是加深了对既有正确结论的认识。反思是对现象和理论的逆反思维,事物都有正反两面性,反思有助于从已知得到另一面的未知。扩散思维是对事物进行全向思考,举一反三,创新出既有事物或理论之外的新产物或新结论。集中思维是对多种现象或结论进行集中,得到普遍性的更新更高的规律,再到更广泛的领域运用,得到更多的创新。打破定势是改变思维或行为的惯常方式,采用新的思维或行为方式将可能产生新的结果。探究机理是对事物或现象的机理进行探讨,了解之后加于应用,取得创新成果。模仿是对未知机理的事物或现象进行仿制、复制,从而在主体范围内获得新使用。类比是对同类、类似的事物或结论进行比较,找出异同,加以应用,以创新出新事物或新结论。移植是把某项结构或功能从某客体转移嫁接到另一客体以获得新结构或新功能。综合是把多种现象和部件合并在一起,产生新事物或新功能。新组合是对既有事物的元素采用新的组合方式,以期得到新的结构、新的功能、新的现象或新的结论。

具体的创新技法有头脑风暴法,奥斯本检核表法,专家问卷法等,研发更多更有效的创新技法并让主体掌握运用,将有利于创新成果的涌现。

除了传递给主体这些创新技法外,还要传递给创新实践主体学习的技能、研讨的技能、行为的技能。这是创新实践的基础技能。

创新实践主体必须具备学习技能，才能学习更多的知识和技能，满足创新实践的需要；创新实践主体还必须具备研讨的技能，现代创新实践几乎不可能一个人完全独立做出，他往往需要和他人进行共同研究、探讨，获得他人的建议、帮助；创新实践主体更需要行为能力，只会思考却不行动的空想家是不能有效创新的。

创新技能的培养还要采用自我塑造和社会塑造相结合。自我塑造是创新技能整合培养的内因。自我塑造主要形式是自主学习、投身于社会实践。在社会实践中不断地加强自身的人格塑造，知识和经验的积累，培养自己的创新实践能力。通过实践的锻炼，把创新社会性的因素和个性因素进行有机整合，内化为自身的创新能力。主体学习要实行改革和创新，要养成终身学习的习惯和素质，要培养自己创新性学习能力，实行自主选择性学习、自主解决问题的学习、独立创新性的学习。社会塑造包括社会教育、学校教育、家庭教育、环境塑造等形式，是塑造主体创新能力的外因。社会要形成注重创新、鼓励创新的氛围，向成员提供创新的条件和学习创新技能的条件。社会塑造要和自我塑造相结合，外因的力量要转化为内因的成果才能得到实效。

2. 提高主体的创新意识

人的行为是受意识支配的，具备创新意识将有助于主体自觉投入创新实践，取得更多创新成果。

首先，要解放思想，在全社会树立创新的思想观念，形成创新的社会意识氛围。在新形势下，思想保守，安于现状，不敢闯，不敢冒，就难以实现事业的跨越式发展。因此，要创新就要按照新形势新任务的要求，进一步解放思想，树立新意识，制定新标准，特别是要树立市场经济意识、竞争意识、效率意识、创新意识等。要突出提倡敢闯、敢冒的精神；要倡导敢为"天下先"的创新精神。要不怕失败，要宽容失败，鼓励从失败中取得胜利。创新的成功概率并不高，成功创新都是在大量的失败后取得的。不能承受失败也就不能尝试创新。还要树立不创新就落后，不创新就不能进步的意识。现在是竞争的时代，竞争的本质在于创新的竞争，竞争乏力就会被对手抛在后面，落后就会挨打，逃避是不可能的。现在人类面临众多生存与发展的重大问题，如人口与资源的矛盾问题，经济与环境、能源、生态的问题等，如果不创新，问题就不能解决，人类就面临灾难。只有创新才能走出困境，才能进步。

其次，要唤醒主体的创新精神。创新精神是一个国家和民族发展的不竭动力，也是一个现代人应该具备的素质。创新精神是一种勇于抛弃旧思想旧事物、创立新思想新事物的精神。实践没有止境，创新也没有止境。我们要突破前人，后人也必然会突破我们。这是社会前进的必然规律。我们一定要适应实践的发展，以实践来检验一切，自觉地把思想认识从那些不合时宜的观念、做法和体制的束缚中解放出来，从对马克思主义的错误的和教条式的理解中解放出来，从主观主义和形而上学的桎梏中解放出来。必须具备这样的精神才能不断创新。实际上，求知、求新是人类的天性之一，只要唤醒主体心中沉睡的求知、求新天性，就能使主体的创新才能勃发。

再次，要塑造创新文化。创新文化为创新实践提供社会氛围、精神动力和组织保障。创新文化在精神层面上，它包括创新精神、价值观、道德观，在制度层面上，表现为与创新价值观念相一致的、能够体现这种价值的一系列规章制度和评价体系的总和。 文化是科学技术进步的母体，是经济社会发展的先声。历史经验表明，文化影响着科技的生成、发展与传播，影响着创新的进程和结果。文化的进步必然包容当时代的创新成果。否则，这样的创新不易产生，更不易传播。工业化的历程告诉我们：越是创新文化活跃的地方，就越容易形成产业革命的广阔舞台，越容易形成创新集群以及各类资源汇聚的经济中心；一旦创新文化的活力丧失，就面临着在竞争中出局的危险。十八世纪以来，世界的科学中心和工业重心从英国转到德国、再到美国，表面上是地理位置的更替，实质上是创新能力强弱转换的结果，其中无不包含着深厚文化的根由。汤因比曾对历史上若干强盛文化的兴衰做过考察，发现凡是依赖以往成功经验去应对新挑战的文化都衰败了，只有不断创新的文化才长盛不衰。

中国文化既有创新文化的根也有保守的文化因素。比如，有了先秦诸子百家的学术争鸣，才有两汉农业文明的成熟；有了魏晋时代的思想解放，才有唐宋经济的繁荣；有了宋明理学和人性学说的矛盾冲撞，才有康乾盛世的歌舞升平。但"天不变道亦不变"的清锁国则导致近代中国的衰弱。今天，要突破传统文化中的相对僵化和保守，重构有利于创新的文化氛围，再造中国创新文化的辉煌。

3. 提高创新主体的激励水平

提高创新主体的激励水平主要是激发主体更高的创新动机。创新动机是促发主体创新行为的心理动力，是指引起和维持主体创新活动的内部心理过程，是形成和推动创新行为的内驱力，是产生创新行为的前提。它分为内部动机和外部动机。著名科学家爱因斯坦曾指出，搞科学的人们的动机常见的有两类：追求智力上的快感和纯粹的功利性。"追求智力上的快感"是创新的内部动机，功利追求则是创新的外部动机。内部动机指人们对某些活动感兴趣，从活动中得到了满足，因而活动本身成为人们从事该活动的推动力。例如，一些人追求艺术或真理，可以完全不理会世俗的功名利禄。对他们来说，科学探索、艺术创造已经成为内在满足的一种来源。外在动机是指人们参加某种活动的动力不是基于对此活动本身的兴趣，而是因为外在的奖赏或压力所致。

在人们的行为中，内部动机和外部动机都会发挥巨大作用。从事一项重要的国家事业既需要激发人们的内部动机也需要适当的外部激励，即内部动机和外部动机都必不可少。不过，当人的外部动机过强时，就有可能减弱、甚至完全替代原有的内部动机：人们可能由于追求外在的东西——如功名利禄等，反而对自己原来喜欢的活动失去兴趣。

创新动机最终来源于人的需要：精神需要或物质需要。实践生成着人的需要，需要促进着人类创新。人的需要不是主观自生的，也不是一成不变的，而是在实践中不断生成的。创新主体的创新动力来源于创新主体的生存、发展和完善自我的各种内在需要和外界客观因素刺激而引发的创新主体的内在矛盾运动。

激发主体创新的动机可以采用外部导的强制性或诱导性刺激，如国家的政策、决定、指示、命令以及开展的各类活动，现行的法律法规、规章制度、组织章程等约束性规范，对创新的奖励与对保守的惩罚。这些外在压力对创新主体具有一定的强迫性，要求创新主体无论主观上愿意与否，只要其从事一定的认识和实践活动，就要有所创新。激发主体创新的动机还可以采用非强制性力量，主要指生产力的发展、社会的进步、时代的潮流等外在的物质或精神运动引发而产生的主体自觉动力，唤醒主体的天生创新兴趣等。例如，随着知识经济和信息时代的到来，创新成为自我实现的途径和乐事，因此成千上万的人愿意并积极地去创新。

二、保障社会创新环境

创新实践的蓬勃涌现需要社会条件保障和诱发机制。要创造一个创新实践蔚然成风的生动局面，还需要为创新实践的顺利开展创造和提供一系列相关的社会环境条件。

1. 法律、制度、政策保障

影响创新的法律制度包括技术创新产权制度和政府的有关促进创新的立法制度。经济学家诺斯指出，一个社会如果没有实现经济增长，那就是因为该社会没有为经济方面的创新活动提供激励，也就是说，没有从制度方面去保证创新活动的行为主体应该得到的最低限度的报偿和好处。创新活动的水平在很大程度上归结于产权激励制度的完善，尽管知识产权制度从经济特征上来看是一种垄断权，将使资源的分配不能实现最优化，但在研发领域却促进了竞争。

创新实践中，市场利益的驱动和科技发展的推动作用是无可置疑的，但其效力能否得以充分发挥，并使创新具有良好的经济效益和社会效益，还要取决于政策制度等因素，这就需要在政策制度的层面上对创新进行激励和引导，从而强化科技推动和利益驱动的作用。法律制度是对人们行为的一种约束。建立创新的法律、制度与政策，有助于产生制度激励力，通过人类创新精神的过程。

建立一个开放的科学文化环境对创新的发展极为重要，要加快建立开放的科研机制和宽松的科研环境。科学研究面对自然、社会和人类思维各方面的复杂问题，选题的多样性、发散性是必然的。当代科学内在发展趋势是学科间不断交叉、综合和相互渗透。这种趋势不断产生一些新的学科、新的领域。这些新的学科领域正是创新的前沿阵地，也是竞争最激烈、最能带动经济和社会发展的领域。我们要努力减少或消除各种不必要的行政壁垒，摒弃"山头主义"式的管理构架；要尊重创新主体独特的敏感和创造精神。

2. 经济、技术设备条件保障

创新研究与扩散需要经济实力做后盾。应建立长效投入机制和多元化投融资体系，不仅国家要对创新（包括基础理论创新和实效技术创新）给予财政支持和奖励，还要鼓励社会（包括风险资金、社会基金，企业、社会组织和个人）对创新投入经济支持。要加强创新成果的专利保护和市场转化，知识产权可以货币化，可以增强创新的经济基础。

3. 创新需要相应的技术设备条件

例如研究核物理需要对撞机，需要操纵微观粒子的技术手段。因此，需要建设大型公共技术研发与服务平台和建立科技资源共享机制。以科技创新基础设施为重点，建设与完善以"七大科技基础条件平台"为主要任务的科技支撑体系：建设人力资源开发服务平台，促进科学研究、技术开发、科技创业等各层次人才合理有序流动；建设研发公共服务平台，为各类研发活动提供设计、检测、文献信息和技术标准等专业技术服务；建设国际科技合作服务平台，为引进国外及港澳台项目、技术和我国企业"走出去"提供便利条件；建设科技产业孵化平台，形成比较完善的研发机构集中区——专业孵化基地——科技产业园区的产业创新链；建设科技成果转化服务平台，建立和完善以技术产权交易中心为核心的技术产权市场体系，探索知识产权项目和成果转化的市场化机制，形成自主创新链；建立科学数据与信息平台，充分利用现代信息技术手段，建设基于科技条件资源信息化的数字科技平台，促进科学数据与文献资源的共享，构建网络科研环境，面向全社会提供服务，推动科学研究手段、方式的变革；建立科技基础条件平台的共享机制，建立有效的共享制度和机制是科技基础条件平台建设取得成效的关键和前提。根据"整合、共享、完善、提高"的原则，借鉴国外成功经验，制定各类科技资源的标准规范，建立促进科技资源共享的政策法规体系。针对不同类型科技条件资源的特点，采用灵活多样的共享模式，打破当前条块分割、相互封闭、重复分散的格局。

4. 普及创新教育，培养创新人才

创新的第一要素是人才。创新实践是由人实施的，创新水平的高低归根到底取决于创新主体的知识结构、知识潜力和主动性、积极性以及由此而产生的创新能力。要以人为本，通过各种方式与渠道为社会成员创造一种环境，使得这种环境有利于人的知识的不断学习、积累和生产，有利于人的个性、潜能和创造性的释放，从而有利于人的全面发展，才能提高社会的创新绩效。

要强化对全社会的创新知识、意识与技能的普及。普及是创新的基础。没有广泛的普及，创新将得不到社会的支持。创新意识的普及将为全社会的创新奠定最广泛、最坚实的社会人文基础，带动整个民族对知识和人才的尊重，激发人们追求真理的献身精神和尊重科学、崇尚理性、积极创新的价值观念；创新技能的普及将使每个人都可能成为创新人才，涌现创新成果。

三、建设国家创新体系

目前，各国都致力于促进本国创新，建设国家创新体系，这是促进创新有效的措施。国家创新体系是以国家的力量，在国家的层面上对促进创新的各个要素进行整合，并对创新的应用予以促进，使国家的创新绩效最大化。

20 世纪 60 年代以来，世界经济进入了一个剧烈的变动时期，表现在世界经济正由工业经济向知识经济转变。高科技产业成为各国国民经济增长的主要来源，该领域的投资额也大幅度增加，创新成为经济增长、产业发展、企业竞争力增强以及人们生活水平和质量改善的主要推动力。经济的全球化和知识化，使得人们更加重视对创新的研究，国家创新系统理论正是在这种背景下提出来并日益受到关注。

英国经济学家克里斯托弗·弗里曼首先提出国家创新系统的概念。他在研究日本经济的时候发现，日本在技术落后的情况下，以技术创新为主导，辅以组织创新和制度创新，只用了几十年的时间，使国家的经济出现了强劲的发展势头，成为工业化大国。这个过程充分体现了国家在推动技术创新中的重要作用，也说明，一个国家要实现经济的追赶和跨越，必须将技术创新与政府职能结合起来，形成国家创新系统。纳尔逊在1993年出版的《国家创新系统》一书中指出，现代国家的创新系统在制度上相当复杂，既包括各种制度因素和技术行为因素，也包括致力于公共技术知识研究的大学和科研机构，以及政府部门中负责投资和规划等的机构。纳尔逊强调技术变革的必要性和制度结构的适应性，认为科学和技术的发展过程充满不确定性，因此国家创新系统中的制度安排应当具有弹性，发展战略应该具有适应性和灵活性。

国家创新系统的主要功能是配置创新资源（包括人力、财力、信息资源等），建设国家创新制度与政策体系、建设国家创新基础设施和执行科技创新活动。目前，我国的国家科技创新系统主要是由知识创新系统、技术创新系统、知识传播系统和知识应用系统等多个分系统组成的系统结构，它的基本任务就是知识创新、技术创新、知识传播和知识应用。它主要完成以下事情：

建设有利于创新的市场环境。市场环境是企业科技创新活动的基本背景。市场作为一种资源配置的方式，对企业及其他行为主体的科技创新活动具有重要影响。一个国家市场的发育程度、规范程度和运行效率，对国家科技创新活动的规模、效益、效率等都是至关重要的。

制定正确的创新政策。科技创新政策是指能对科技创新活动产生影响的法律、法规和政策，通常分为供给、需求和环境等几大方面的政策。创新政策对创新具有导向作用。国家科技创新系统应为全社会的科技创新活动提供良好的政策、制度环境。

实施和加强国际联系。加强国际联系是每个国家的国家科技创新系统与国际大环境进行资源交流的重要环节，也是每个国家科技创新活动的行为主体进行国际竞争与合作的途径和方式。在当今世界经济一体化和科学技术国际化趋势日益加强的条件下，各国的国内市场日益与国际大市场融为一体。因此，国际联系更具有参与国际大市场竞争，开展国际化经营的意义。现代研究和实践证实，行为主体间有效的联系和合作也是与国家科技创新系统运行效率密切相关的重要因素，科技创新资源在行为主体间高效的流动，有助于降低创新风险、减少创新成本、加快创新速度、提高创新效益。

组织科技创新活动的执行。政府可根据国家的目标，采取由政府出面组织重大科技创新计划和项目、组织产学研合作、推广科技创新成果、开展国际合作与交流等多种形式，促进科技创新活动。

搞好国家科技创新基础设施的建设。国家科技创新系统应能为科技创新活动提供良好的条件，这些条件是科技创新活动必需而不可能由创新主体自行解决的基本条件，包括国家科技基础设施、教育基础设施、情报信息基础设施等。

引导和促进创新成果转化。创新成果转化为社会产品或服务才实现了创新实践的社会功能。但是，创新成果的转化需要国家在政策、渠道、资金等方面予以扶持。

建好国家创新体系，不仅有助于创新实践成果的涌现，还有利于创新实践成果的转化。

第二节　加速创新的应用

创新成果最终要应用于社会，应用于人类认识世界和改造世界的实践才能实现其价值。根据创新扩散理论和实证研究的结论，通过加强创新应用的速度、规模、深度，才能加速创新实践对社会发展的动力作用。

一、创新应用理论

目前，创新应用理论的权威是罗杰斯的创新扩散理论。1995年，美国新墨西哥大学埃弗雷特·罗杰斯教授研究了 3000 多个有关创新扩散的案例，发表了《创新扩散》(Diffusion of Innovations)一书，他考察了创新扩散的进程和各种影响因素，总结出创新事物在一个社会系统中扩散的基本规律，提出了著名的创新扩散理论。

罗杰斯把创新的采用者分为革新者、早期采纳者、早期追随者、晚期追随者和滞后者五类。

罗杰斯认为创新事物具有 5 个基本特征：相对优越性、兼容性、复杂性、可实验性、可观察性。这五个特征影响着创新扩散。相对优越性、兼容性越强则扩散越容易；可实验性、可观察性强也有利于扩散；复杂性与扩散成负相关。

罗杰斯把创新推广过程分为 5 个阶段：获知、说服、决策、实施、确认。他指出，创新事物在一个社会系统中要能继续扩散下去，首先必须有一定数量的人采纳这种创新物。通常，这个数量是人口的 10% ～ 20%。创新扩散比例一旦达到临界数量，扩散过程就起飞，进入快速扩散阶段。事实上，很多创新在社会系统中最终只能扩散到某个百分比。当系统中的创新采纳者再也没有增加时，系统中的创新采纳者数量（绝对数量表示）或创新采纳者比例（相对数量表示），就是该创新扩散的饱和点。

罗杰斯认为，创新扩散总是借助一定的社会网络进行的，在创新向社会推广和扩散的过程中，信息技术能够有效地提供相关的知识和信息，但在说服人们接受和使用创新方面，人际交流则显得更为直接、有效。因此，创新推广的最佳途径是将信息技术和人际传播结合起来加以应用。

他认为创新的扩散，总是一开始比较慢，然后当采用者达到一定数量（即"临界数量"）后，扩散过程突然加快（即起飞阶段 take-off），这个过程一直延续，直到系统中有可能采纳创新的人大部分都已采纳创新，到达饱和点，扩散速度又逐渐放慢，采纳创新者的数量随时间而呈现出 S 形的变化轨迹。❶

罗杰斯对创新扩散的研究成果是值得肯定的，指出了创新扩散的基本规律，对指导实践有很强的理论意义。

但是，他的研究偏重于技术创新的扩散。实际上，还有知识创新、制度创新和其他创新的扩散规律还有不同于技术创新扩散的地方。虽然它们也有共通的规律。例如制度创新的扩散在得到权力的强力推广而获成功时，就不遵守 S 形的变化轨迹，而是迅速地得到贯彻。当然，人们内心对新制度的认同也许会遵守 S 线规律。

第二，罗杰斯研究的都是在相对自由的情况下，创新的自然扩张。虽然有人为的推动，但也都是采用引导、说服等手段。事实上，有很多创新的扩张会受到更强势手段的推广或阻挠。例如，赵武灵王推广胡服骑射时就动用了政府的强制力。百日维新时，西方

---

❶　本书所述罗杰斯关于创新应用的观点来自本人对其著作《创新的扩散》（中央编译出版
　　社 2002 年 6 月第 1 版）阅读后的总结。

新政治制度向中国的传播就受到了慈禧太后的强力扼杀。

世界对创新扩散的研究应该向前进步。本书认为，对创新扩散的研究应该包括：

（1）识别创新。一项创新可能是自觉获得的，也可能是自发产生的。而自发产生的创新可能不被人重视和发现，需要我们善于识别。不管何种方式产生的创新，它对社会的作用是不一样的，有的甚至会带来负面作用。这需要人们对创新的社会作用进行识别，以确定对该项创新的推广政策：社会急需的、功效宏大的应该优先加速推广；有负面影响且无法控制的"创新"，应该暂不推广。

（2）正确策划创新的推广。应该根据所要推广的创新的特征，评价它与社会的各种物质和精神条件的匹配程度，策划相应的推广方案。如果一项创新与人们的思想意识冲突，要顺利推广它，就要改变人们的思想观点，接受新的思想观点。吸烟有害健康，但还是有很多中学生主动地偷偷吸烟，因为他们觉得抽烟使他们像成年人。破除他们这种认识能有效减少中学生主动吸烟。如果一项创新是受到物质条件的限制而无法推广，那我们就需要准备所需要的物质条件。农业机械化在20世纪八九十年代的中国推广很慢，因为农民买一套农业机械代价高而不适用于分户的小规模生产。后来在中国发展小型农机，政府还为农民购买农机提供补贴，允许农户把田块适当集中经营，农业机械化在中国就取得了较快地发展。还有些创新缺乏自然扩散的条件，而社会又急需，就需要强力推广。例如改革之初，不使用政府的推力，改革可能会半途而废。

（3）确保创新的应用和再创新。创新推广到使用者手上，需要保障他们实际有效的应用并取得良好的收效。因为具体情况千差万别，许多创新在使用中必须"具体化"才能成功，也因而产生出许多"再创新"。

二、影响创新扩散的因素

罗杰斯指出了创新物自身的特征影响创新扩散，还指出了传播渠道、时间、沟通、社会因素（代理人的影响，经济因素，强制，激励，乡土知识与文化，距离）等对创新扩散的影响，但影响创新扩散的因素远不止这一点。

一般来说，创新扩散的动力来自三个方面：技术推动，需求拉动，人为促动。当技术自身成熟，能为世界带来效益：或者是便利简洁，或者是功能升级，或者是物美价廉时，或者是带来了新的需求时，技术自身就具备了对创新扩散的推动力。例如无线电话代替寻呼机就是技术推动效应的结果。当社会对某项创新具有需求时（这种需求可以是经济物质上的，也可以是精神上的），该项创新就能迅速扩散。例如中国"非典"疫情让很多人知道了萝卜能增强人体免疫力的知识，因为这个知识对于人们防治非典是需要的。另外，人为的力量也会影响创新的扩散。人为制定影响创新扩散的政策，给予奖励或惩罚，就能影响创新的扩散。

另外，创新规则、宗教、行政壁垒等也对创新扩散形成影响。

三、有效实现创新应用

根据影响创新扩散的因素的分析和创新扩散的实证研究，以下措施可以加速创新的应用：

提高创新扩散应用方式的效力。对于技术创新的扩散应用，经合组织（DECD）的研究表明，在国家创新系统中，存在着五种主要的创新扩散方式：（1）企业间的创新合作。这是国家创新系统中最重要的创新扩散之一。企业进行创新合作能够获得创新资源，取得规模经济效益，通过人才和技术的互补发挥协同作用。同样重要的是企业之间非正式的联系和接触，包括用户与生产者之间的联系，竞争者作为既是创新的来源又是创新的刺激者的角色，知识（包括诀窍知识）在这些联系和接触中的转移、流动。（2）公共研究部门与企业之间的创新扩散。研究发现，对企业创新来说，公共研究部门作为一个间接知识来源的作用比作为一个直接的科学或技术发明来源更重要。（3）知识、技术扩散。通过新设备和新机器的技术扩散是创新系统中创新扩散的最传统的方式。通过书刊，音像资料，人员交流造成知识、信息的扩散。（4）人员流动。人员和其携带的知识（意会知识）的流动是国家创新系统中一种关键的知识扩散。（5）国际创新扩散。随着经济全球化和企业活动的国际化，创新扩散日益国际化，国家创新系统的开放性不断增强，如从国外获得技术，购买外国专利和许可，不同国家企业之间的技术合作，外国直接投资和国际合作发表等。

这五大方式对于其他创新扩散也具有类似的意义。任何一项扩散，需要依赖以下可能的方式：（1）人员的流动。携带有创新成果的人员流动就能使创新扩散。这种流动可以是人员工作的变化，也可以是参观学习等方式。（2）物资的交流。有些创新体现或记载于物质载体上，物资交流能促进创新扩散。例如书籍、光盘、新技术设备的交流能促进载于其上的创新的扩散。（3）机构间的合作。国家之间、单位之间和地区之间的合作交流将促进创新在彼此间的传播。（4）网络传播。网络是很大的信息传播渠道，它大大推进了各种创新的传播。提高创新扩散应用方式的效力将能够大大促进创新的扩散。例如加速国内人才流动，就能加速国内新技术新知识的传播。

发展创新扩散应用的中介机构和经纪人队伍。社会中介和经纪人是社会分工和专业化的结果，他们专业于创新的扩散推广，能较创新成果的拥有者更有效的推广创新。

加强财政激励力度。我们对创新有了较大的激励，但对创新的应用激励还不够。虽然创新成果的应用就能带来效益，但有些基础理论成果和一些实用成果在初期需要资金扶持。

政府应制定鼓励创新推广的政策，参与创新的推广。政府利用公权力可以强力推广创新成果。但是在市场经济条件下，行政干预不能过度，要采取正确的方式。例如政府通过扶持典型，率先示范，政策激励等方式大力推广创新成果。例如新能源技术对于破解人类发展困境极为重要，但由于路径依赖和利益牵制，推广缓慢，它需要政府扶持性推广。

开展创新预见的研究。人类有时很短视，有些成果在当前看来是创新的，是有效的，是有益的，但从更长期的角度来看，可能不具备创新性，甚至具有负面作用。因为技术有双刃性，技术的作用有长效性。火药可以用来开山炸石，也可以用来杀人。开山炸石对环境的影响需要很长时间才能显现。

第三节　多元交融促进创新及应用

前文是从理论上阐述了促进创新和创新应用的理论。实践多元交融的道路，就能让创新勃发并促进创新成果的应用而不需要人为耗费精力去"有为而治"。

一、多元交融促进创新及应用的表现

在竞争的时代，创新决定成败，人类也只有创新才能进步。所以，每个国家、每个企业、每个人都努力创新。党的十七大把提高自主创新能力定为国家发展战略的核心。但是，如何才能提高创新

的能力，使创新智慧竞相迸发？要认识创新的规律，然后利用其规律，才可以收获创新的成果。能够促进创新的因素和方法很多，但若能做到多元交融，就能催化创新成果大量涌现。

育种学上有种现象叫作杂种优势，就是利用杂交方式培育出的杂种后代的性状比其父本和母本的性状更优良。杂交稻的育种就是用具有高产性状但抗病虫力差的商品稻与具有强的抗病虫力但产量低的野生稻进行杂交，从而培育出产量更高且抗病虫力强的杂交稻。另外，在育种学上还有一个相反的现象：一株葡萄其性状优良，产量高，抗病虫能力强，果大味甜，为了使其后代保持这些优良性状，我们从其母株上剪取枝条扦插进行营养繁殖，后代的遗传物质同其母代完全一样，性状应该保持同样优良。但其后代却出现了性状退化。在人类社会也可以看到相同的现象。混血儿，或者父母亲是来自差别很大的两个生活环境，其后代往往身体更健康，智商更高；而近亲结婚的后代出现痴呆残障儿的概率大大增高。育种学上的这种杂种优势和纯系退化现象启示我们，多元交融能够促进创新进化，而排斥多元交融的"纯而又纯"会导致退化。

我们在社会领域也能看到同样的事实。我国的春秋战国时代，百花齐放，百家争鸣，各种思想、各种学说、各种主张相互激荡，使得当时的思想十分活跃，因此产生了不朽的成果：儒家，道家，法家，墨家，名家，医家，兵家等一直影响到现在。春秋战国时代还使中国成为世界上最早进入封建社会的国家，拥有了世界上当时最先进的社会制度，比西方国家早了一千多年进入封建社会，从此奠定了汉唐盛世封建文明顶峰的基础。俄国的彼得大帝迁都圣彼得堡，带领俄国连通东西方后迅速崛起成世界性大国。相反，清王朝的闭关锁国导致了我国近代史上的百年屈辱。当时的英国国王曾派使臣马尔嘎尼带着当时英国最先进的，也是当时世界上最先进的洋枪洋炮，望远镜，舰船等来中国。乾隆隆皇帝却对他说，大清乃天朝大国，不稀罕他们这些西洋玩意儿。1840 年，英国人就是用这些大清不稀罕的玩艺儿轰开了天朝大国的大门！现实社会依然在重演着这个规律。美国是当今世界上唯一的超级大国，他们在二战期间把许多外国的科学家弄到美国，现在美国继续吸引世界各地的科学家、实业家、金融资本等。美国人自己也说，他们的智慧装在中国人的脑袋里，他们的财富装在犹太人的口袋里。这样的美国能不强大？孤立于世界之外的朝鲜和受到制裁的古巴则国势困窘。新中国在打开国门改革开放后的巨变也说明了这个真理。

　　人类的贤哲们也向我们指引了这个智慧。古希腊有位青年去找苏格拉底，这位西方文明的始祖，被神谕称为世界上最聪明的人，请教如何才能成为有智慧的人。苏格拉底把他带到海边，突然把他的头沉入海水中，一会儿再放出来，然后问他："刚才你最想要的是什么？"青年回答："空气，新鲜的空气！"苏格拉底说，你已经找到了拥有智慧的答案。苏格拉底认为智慧聪明只要善于吸收不同的新鲜的东西就能得到。儒文化的始祖孔夫子也有大量同理的论述："吾尝终日不食，终夜不寝，以思，无益，不如学也。"❶我曾经整天不吃饭，整夜不睡觉的思考，结果并没有什么好处，还不如去学习为好。夫子在此处的论述实在经典，即使整天不吃饭整夜不睡觉也不能得到进步，只有去学习新的东西才能有新的收获。"盖有不知而作之者，我无是也。多闻，择其善者而从之，多见而识之"。❷可能有什么都不懂而在那里凭空创造的人，我却没有这样做过。多听，选择其中好的来学习；多看，然后记在心里。夫子认为多听多看对知识的获取是非常重要的。"三人行，必有我师焉。"❸夫子强调向不同的人学习。《老子》三十二章也说"知人者

----

❶ 《论语·卫灵公篇》。

❷ 《论语·述而篇》。

❸ 《论语·述而篇》。

智，自知者明"。认为只有知道了解他人者才能称得上有智慧，仅仅知道自己只能说他不糊涂而已。西周末年，伯阳父（史伯）同郑桓公谈论西周末年政局时，提出"和实生物，同则不继"的思想。他说："以他平他谓之和，故能丰长而物归之。若以同裨同，尽乃弃矣。"[1]以他物的长处来填平另一他物的短处，相异的事物相互协调并进，就能发展；"以同裨同"则是以相同的事物叠加，其结果只能是窒息生机。毛主席也非常重视群众路线，集合众人的智慧，他说："群众才是真正的英雄，而我们往往是幼稚可笑的。"他推广了干部，技术人员，工人"三结合"的工作模式，提出了"百花齐放，百家争鸣"的方针。邓小平同志也主张向全世界学习，学习人类一切文明成果，利用一切可以利用的力量建设我们的社会主义，提出了走引进、消化、创新之路的主张。这些伟人们都认为，博采众长，就能成就智慧。吸收不同的文化，思想，技术，知识并结合自己的情况加以创造，就能创新出为自己所用的东西来。人类几千年来的实践和智慧给我们总结出了这样的道理，都已经成为我们日常的智慧，例如行万里路，读万卷书；兼听则明，偏信则暗；三个臭皮匠顶个诸葛亮；集思广益，开卷有益等。

　　在实践中运用这个原理，就能获得成功。决策学上的头脑风暴法和德尔菲法就是把不同专家的不同的智力、知识结合起来，得出最佳的解决问题的方案。超级小组工作法也是同样的原理。这都是多元交融促进创新的最好证明和应用，现在也已经用作创新的操作方式了。微软公司是世界第一流的软件公司，顾客在使用微软的软件时无论遇到什么问题，有什么意见、建议，随时可以反映给微软公司。他们实际上是集中了全球的智慧和实践来帮助他们编制软件，它们能不成为世界第一？现代成功学通晓了这个道理，它指引

---

[1] 《国语·郑语》。

那些渴望成功的人要结交新朋友，参加新社团，尝试新事物，采用新办法，体验新心态，读不同的书，以获取成功。以前很多成功人士是这样做而获得了成功的，现在很多人学了这个方法也获得了成功。本人尝试读不同的书和不同的人交流思想，也感觉收获巨大。如果闭目塞听，闭门造车，做井底之蛙，显然是不可能有创新的。

二、多元交融促进创新及应用的机理

为什么多元交融就能促进创新，而拒绝多元交融，自我封闭就会落后呢？

有人把创新分为原发创新，组合创新和移植创新三种形式。多元交融能直接把对方的东西拿过来进行移植创新，多元交融也直接就能把不同的元素交融在一起而产生组合创新，而不同知识、观点的碰撞有利于触发原发创新。仿生学是人类把大自然的"智慧"嫁接给自己而获得了大量的创新成果，就是很好的说明。如果拒绝多元交融，自我封闭，则组合创新、移植创新将无法进行，原发创新的概率也会因为缺乏新思想的触动而大大降低。

哲学认为世界上的每一个个体都是具有自己独特个性的存在，这些个体组成不同层级的系统，个体之间、系统之间处于相互联系和相互作用中，这样事物处于永恒的运动变化和发展中。个体，系统间的相互联系和相互作用的程度越深（即相互交融的程度越深），它们的活力越强，发展的进度越快。相反，如果某个个体或某个系统与其他个体或系统的相互联系和相互作用停止，这个个体或系统就会崩溃。所以现实中的个体和系统都是相互联系，相互作用的，与其他个体和系统完全隔绝的个体和系统将无法在现实中存在。因此要鼓励多元交融以促进创新和发展。

三、多元交融的方法

多元交融的可以是思想、物质、文化、科学、技术、管理方式与制度等。新产品的推广受利润的驱动正使商品在全世界游走，而人们为了享受也对新产品趋之若鹜，除非人为的阻碍（如政治制裁或文化冲突等的原因）或因交通极度的不便，物质的流通随着商品经济的发展和全球化的加深而越来越便利。而物质都不能流通的地方，都是创新乏力的地区。科学技术的交流往往受到经济、政治诸因素的制约。一个国家，一个企业（甚至一个人），都会因为要保持先进科学技术的优势而采取保密措施，而他们同时为了取得先进科学技术所带来的优势而千方百计地谋取科学技术。受到封锁或缺乏科学技术交流能力的国家或机构难于创新。思想、文化、管理方式与制度的交流则受到意识形态、宗教与文化传统以及保持个性的要求等因素的很大影响，因而这些方面更显得稳定而不是频繁的创新。为什么在物质和科学技术等自然领域人们主动地热切地实现交融而在思想、文化、管理制度等人文社科领域却往往会排斥多元交融呢？

在多元交融的过程中会产生多种结果，并不是每种结果都是有价值的创新。杂交稻育种中既培育出了高产抗病虫的杂交稻，也同时产生了低产且易感病虫的"杂交劣种"。我们选择了杂交稻进行推广，淘汰了"杂交劣种"。在自然领域，这种判断与选择十分显然，易于做出；但在人文社科领域，取舍的标准可能没有这样一目了然，多元交融出现的多种结果可能无法很明晰的判断孰优孰劣，取谁舍谁。而多元交融的过程必然伴随新元素的进入，人文社科领域的新元素常常难于被一致认为是先进的新事物，所以容易受到抵制，特别是文化——深刻积淀的思想——的交融。所以，在社会领域要自觉地努力才能做到多元交融。

在多元交融的过程中肯定会出现冲突，甚至出现一方想武力消灭另一方的情况。亨廷顿曾说文明冲突会导致战争。但为了实现交融创新，就必须多元共存，这是前提。当然有的"元"是主流，有的"元"是支流，彼此之间要互相交流吸收各自的长处以促进发展，而不能格杀勿论。要是把野生稻统统消灭了，今天就不可能有杂交稻，更无法培育超级稻了。或者，野生稻都长满了稻田，我们也就无法收获足够的稻谷了。人类需要自觉地贯彻多元共存的原则。特别是在社会领域，不要过多地人为地对不同的"元"强行取舍，社会自身会选择那些适应其发展方向的成果。

多元共存一般就会实现多元交融（因为不同的活物或思想在一起就会引发交流），创新就会发生，除非故意地隔离以"老死不相往来"，或者假装附和实则排斥。所以孔子说"君子和而不同，小人同而不和"。❶意思是尊重不同的差异并且从不同的差异中取得好的成果，这样才是君子；假装附和实际上排斥的是小人（必然得不到好结果）。幸运的是，尊重差别已成为世界范围内愈来愈多人的共识。意大利著名思想家和作家恩贝托·埃柯在 1999 年纪念波洛尼亚大学成立 900 周年大会的主题讲演中提出，欧洲大陆第三个千年的目标就是"差别共存与相互尊重"。他认为"人们发现的差别越多，能够承认和尊重的差别越多，就越能更好地相聚在一种互相理解的氛围之中"。

今天的中国，我们需要运用多元交融促进创新的原理建设创新型国家：实行开放的政策，中国与世界广泛接触，各种思想，经济模式，管理方式，知识，科学，技术，人物，产品进入中国；我们又在向历史学习，传统典籍再度复兴；中国本土也产生出了多种多样的思想，物质产品也空前的丰富；中国人和中国生产的产品也走

---

❶ 《论语·子路篇》。

出国门与世界交流；我们采用主动改革的政策，主动修改不相宜的东西，吸收先进的东西；我们具有"和而不同"的文化传统，和平、多元、发展已成为世界潮流。不用苦苦思索，不用苦苦攀求，也不用竭尽手段来"压出"创新，只要实现多元交融，"万国衣冠拜冕旒"，聪明的中国人自然就能再造一个汉唐盛世，实现中华民族的伟大次复兴！

结　语　走向创新实践唯物史观

　　对创新实践的研究还有很多事情要做，因为实践无止境，创新无止境。随着创新实践的继续展开，它对社会发展的重要意义就会为更多的人更深刻的认识，我们对它的研究就会越广泛、越深入，将来就可能完成在此基础上构建创新实践唯物主义的目标，使马克思主义唯物史观在创新实践的基础上实现总体创新。

　　马克思在《1844年经济学哲学手稿》中提出了实践唯物主义的基本思想。马克思既不同意黑格尔把人仅仅当作"精神的实体"，又不同意费尔巴哈把人仅仅看成"感性存在"，而是把人规定为"实践的主体"，从人的本质出发去说明一切。实践唯物主义作为唯物主义的最新形态，作为马克思已经形成了的崭新世界观，把实践提到了首要的地位，并提出了"社会生活在本质上是实践的"这个历史唯物主义的最根本的结论，在更高的层次上揭示了社会生活的本质，指出了科学地说明社会历史问题的根本道路。

　　社会在发展，当今社会生活最显著的特征是创新实践，而不再是普通的常规实践。马克思恩格斯在其合著的《德意志意识形态》中指出，创新实践才是实践唯物主义者的根本任务："实际上和对实践的唯物主义者，即共产主义者说来，全部问题都在于使现存世界革命化，实际地反对和改变事物的现状。"❶所以创新实践才是实践唯物主义的最本质特征。因为实践唯物主义把实践观点作为整个哲学理论的基础，它以改造世界为目的，服务于无产阶级解放运动，是马克思哲学革命性的集中体现。而革命和改造世界就是创新实践。因此，深入研究创新实践社会发展动力论，并以此为切入点把实践唯物主义向前推进到创新实践唯物主义，是每一个实践唯物主义者的职责。

另外，对当今时代大量涌现的创新实践进行研究是为了更好的指导创新实践，用创新实践引领我们祖国的进步、人类的发展。整个人类社会都在创新实践的大潮中快速前行。因此，对如何促发创新、如何让创新大量涌现的研究，对如何促进创新的运用的研究，是可以产生实效的工作，本人希望在未来能继续此方面的研究。

人们创新的激情还在高涨，创新竞争渐趋白热化。随着创新竞争的加深，创新的边际效应就显著递减，甚至会出现创新的成本大于创新收益的现象。另外，在人们疯狂创新时，就会有一些不良的"创新"产生出来。例如专门杀人的化学武器的研发。还有一些双刃性的创新可以带来负效应，就像炸药被用作杀人武器。有时，这种双刃性还难以很快发现。因此，开展创新效益的研究，创新价值的预见研究将有助于全面研究创新。而这些研究在目前还做得不够，是应该加强和深入的方向。

创新实践的继续发展推动社会发展变化。随着世界的发展变化，未来创新实践也会呈现新的特征，对创新实践的研究也会随之创新。现在知识创新是最活跃、最繁荣的领域（当今技术创新和制度创新也很突出，但比较之下，知识创新还是更为活跃和多彩），

---

❶ 马克思恩格斯选集 [M]. 第 1 卷. 北京：人民出版社，1995，48.

而知识创新的先导作用预示着社会巨大发展的到来。当爱因斯坦发表质能公式后，人类对世界的认识深入到核子反应层次、拥有了核力量，世界图景都巨大改变了。随着知识创新的跨越性突破，技术创新和制度创新都可能随之实现跨越性突破。那时，创新实践的特征也会出现新变化，我们对它的研究也将与时俱进，创新研究无止境。

主要参考文献

Ⅰ. 著作类

[1] 马克思恩格斯选集 [M]. 北京：人民出版社，1995.

[2] 马克思恩格斯全集 [M]. 北京：人民出版社，1995.

[3] 马克思. 1844 年经济学——哲学手稿[M]. 北京：人民出版社，2000.

[4] 恩格斯. 自然辩证法 [M]. 北京：人民出版社，1971.

[5] 胡锦涛. 坚持走中国特色自主创新道路 为建设创新型国家而努力奋斗 [M]. 北京：人民出版社，2006.

[6] 爱因斯坦文集 [M]. 第 3 卷. 北京：商务印书馆,1979.

[7] [美]塞缪尔•亨廷顿. 文明的冲突与世界秩序的重建 [M]. 北京：新华出版社 1999 年版.

[8] [美]塔尔科特•帕森斯. 现代社会的结构与过程 [M]. 北京：光明日报出版社,1988.

[9] [美]C.E.布莱克. 现代化的动力 [M]. 成都：四川人民出版社,1988.

[10] [美]丹尼尔•贝尔. 后工业社会的来临 [M]. 北京：新华出版，1997.

[11] [美]丹尼尔•贝尔. 资本主义文化矛盾 [M]. 北京：生活•读书•新知三联书店,1989.

[12] [美]阿尔文•托夫勒. 第三次浪潮 [M]. 北京：新华出版社,1996.

[13] [美]阿尔温•托夫勒. 权力的转移 [M]. 北京：中共中央党校，1991.

[14] [美]彼得•德鲁克. 后资本主义社会 [M]. 上海：上海译文出版社 1998 .

[15] [美]道格拉斯•诺斯，等. 西方的兴起 [M]. 北京：华夏出版社 ,1999.

[16] [美]科尔曼. 社会理论的基础 [M]. 北京：社会科学文献出版社 ,1999 .

[17] [美]道格拉斯.C.诺斯. 经济史上的结构和变革 [M]. 北京：商务印书馆,1999 .

[18] [美]维克托，博因顿. 创新的价值：实惠增长和盈利的最大化 [M]. 北京：新华出版社 ,2000.

[19] [美]罗杰斯：创新的扩散 [M]. 第 4 版. 北京：中央编译出版，2002.

[20] [美]沃特曼. 创新经营：优秀公司如何赢得并保持竞争优势 [M]. 北京：中国财政经济出版社 ,1989.

[21] [美]德鲁克. 创新和企业家精神 [M]. 北京：企业管理出版社 ,1989.

[22] [美]约翰•奈斯比特. 大趋势——改变我们生活的十个新趋向 [M]. 北京：新华出版社 ,1984.

[23] 叶文宪. 新概念哲学 [M]. 上海：学林出版社，2004.

[24] [古希腊]亚里士多德. 形而上学 [M]. 苗力田译. 亚里士多德全集 [C]. 第 7 卷. 北京：中国人民大学出版社，1993.

[25] [法]亨利•柏格森. 创造进化论 [M]. 北京：商务印书馆，2004.

[26] [德]卡尔•科尔施. 马克思主义和哲学 [M]. 王南，荣海新译，重庆：重庆出版社，1989.

[27] [意]安东尼奥•葛兰西. 狱中札记 [M]. 北京：中国社会科学出版社，2000.

[28] [匈]卢卡奇. 历史与阶级意识.关于马克思主义辩证法的研究[M]. 北京：商务印书馆，1996.

[29] [德]哈贝马斯. 认识与兴趣[M]. 上海：学林出版社，2002.

[30] [墨]阿道夫•桑切斯•巴斯克斯. 实践的哲学[M]. 白亚光译. 哈尔滨：黑龙江人民出版社，1987.

[31] [英]安东尼•吉登斯. 第三条道路[M]. 北京：中共中央党校出版社，2002.

[32] [美]约瑟夫•熊彼特. 从马克思到凯恩斯十大经济学家[M]. 北京：商务印书馆，1965.

[33] [美]约瑟夫•熊彼特. 经济发展理论[M]. 北京：商务印书馆，1990.

[34] [美]约瑟夫•熊彼特. 资本主义、社会主义与民主[M]. 北京：商务印书馆，1999.

[35] [美]保罗•萨缪尔森. 经济学[M]. 北京：中国发展出版社，1992.

[36] [美]F.M.谢勒. 技术创新——经济增长的原动力[M]. 北京：新华出版社，2001.

[37] [美]道格拉斯•诺斯. 经济史上的结构和变革[M]. 北京：商务印书馆，1992.

[38] [美]道格拉斯•诺斯. 西方世界的兴起[M]. 北京：华夏出版社，1999.

[39] [美]罗纳德•科斯，等. 财产权利与制度变迁——产权学派与新制度经济学派文集[M] 上海：上海三联书店，1994.

[40] [美]彼得•德鲁克. 创新与企业家精神[M]. 海口：海南出版社，2000.

[41] [美]D.M.阿米顿. 知识经济的创新战略：智慧的觉醒[M]. 北京：新华出版社，1998.

[42] [波]W.瓦斯尼基. 知识、创新和经济：一种演化论的探索[M]. 南

昌：江西教育出版社，1999.

[43] [美]特丽莎•M.艾曼贝尔：创造性社会心理学 [M]. 上海社会科学院出版社,1987.

[44] [法]皮埃尔•布尔迪厄. 文化资本与社会炼金术 [M]. 上海：上海人民出版社,1997.

[45] [法]皮埃尔•布迪厄，等. 实践与反思——反思社会学导引 [M]. 北京：中央编译出版社,2004.

[46] [法]P.布尔迪约，等. 再生产 [M]. 北京：商务印书馆,2002.

[47] [法]皮埃尔•布迪厄. 实践感 [M]. 南京：译林出版社,2003.

[48] [德]桑巴特. 现代资本主义 [M]. 第1卷. 北京：商务印书馆,1958.

[49] [德]马克斯•韦伯. 新教伦理与资本主义精神 [M]. 西安：陕西师范大学出版社,2002.

[50] [英]安东尼•吉登斯. 社会理论与现代社会学 [M]. 北京：社会科学文献出版社,2003.

[51] [英]汤因比. 历史研究（上）[M]. 上海人民出版社,1966.

[52] [英]切尔. 企业家精神：全球化，创新与发展 [M]. 北京：中信出版社,2004.

[53] [加]尼科•斯特尔. 知识社会 [M]. 上海：上海译文出版社,1998.

[54] [以]S.N.艾森斯塔德. 抗拒与变迁 [M]. 北京：中国人民大学出版社,1988.

[55] [美]D.尼夫. 知识对经济的影响力 [M]. 北京：新华出版社，1999.

[56] [美]J.W.科塔达. 知识工作者的兴起 [M]. 北京：新华出版社，1999.

[57] [英]乔治•科鲁夫，等. 知识创新：价值的源泉 [M]. 北京：经济管理出版社，2002.

[58] [美]M.波特. 竞争战略 [M]. 陈小悦，等译. 北京：华夏出版社，1997.

[59] 肖前，等. 实践唯物主义研究 [M]. 北京：中国人民大学出版社，1996.

[60] 李淮春，等. 马克思主义哲学全书 [Z]. 北京：中国人民大学出版社，1996.

[61] 庞元正，关壮民. 以高起点的创新赢得竞争优势——宝钢发展道路研究 [M]. 北京：中共中央党校出版社，1995.

[62] 庞元正，丁冬红，等. 发展理论论纲 [M]. 北京：中共中央党校出版社，2000.

[63] 庞元正. 以持续全面创新不断提升国际竞争力——宝钢建设与发展二十三年调研 [M]. 北京：中共中央党校出版社，2001.

[64] 庞元正，董德刚. 马克思主义哲学前沿问题研究 [M]. 北京：中共中央党校出版社，2004.

[65] 庞元正. 当代中国科学发展观 [M]. 北京：中共中央党校出版社，2004.

[66] 庞元正. 全球化背景下的环境与发展 [C]. 北京：当代世界出版社，2005.

[67] 庞元正. 马克思主义哲学与党的思想路线研究 [M]. 北京：中共中央党校出版社，2005.

[68] 庞元正. 辩证唯物主义研究 [M]. 北京：中共中央党校出版社，2005.

[69] 高清海. 找回失去的哲学自我：哲学创新的生命本性 [M]. 北京：北京师范大学出版社，2004.

[70] 王伟光. 创新论 [M]. 北京：红旗出版社，2003.

[71] 彭健伯. 创新哲学论 [M]. 北京：人民出版社，2006.

[72] 赵玉林. 创新经济学 [M]. 北京：中国经济出版社，2006.

[73] 苏振芳. 创新社会学 [M]. 北京：中国审计出版社，2002.

[74] 赵家祥，等. 历史唯物主义教程 [M]. 北京：北京大学出版社，1999.

[75] 董德刚. 哲学与现实 [M]. 北京：经济科学出版社，1999.

[76] 韩庆祥. 思想是时代的声音：从哲学到人学 [M]. 北京：新世界出版社，2005.

[77] 孙正聿. 思想中的时代：当代哲学的理论自觉 [M]. 北京：北京师范大学出版社，2004.

[78] 俞吾金. 实践诠释学：重新解读马克思哲学与一般哲学理论 [M]. 昆明：云南人民出版社，2001.

[79] 任平. 交往实践的哲学：全球化语境中的哲学视域 [M]. 昆明：云南人民出版社，2003.

[80] 任平. 走向交往实践的唯物主义 [M]. 北京：人民出版社，2003.

[81] 于洪卫. 实践唯物主义研究 [M]. 东营：中国石油大学出版社，1990.

[82] 聂世明. 马克思主义实践观新探 [M]. 北京：当代中国出版社，1994.

[83] 王炳书. 实践理性论 [M]. 武汉：武汉大学出版社，2002.

[84] 张明仓. 实践意志论 [M]. 南宁：广西人民出版社，2002.

[85] 邹诗鹏. 实践——生存论 [M]. 南宁：广西人民出版社，2002.

[86] 吴畏. 实践合理性 [M]. 南宁：广西人民出版社，2003.

[87] 崔唯航. 马克思哲学革命的存在论阐释 [M]. 北京：中国社会科学出版社，2005.

[88] 曹小荣. 实践论哲学导引 [M]. 杭州：浙江大学出版社，2006.

[89] 王伟光. 创新与中国社会发展 [M]. 北京：中共中央党校出版社，2003.

[90] 葛新权，李富强，等. 知识经济与可持续发展 [M]. 北京：社会科学文献出版社，1999.

[91] 牛先锋. 知识经济与社会主义 [M]. 北京：中共中央党校出版社，2002.

[92] 吴江. 知识创新运行论 [M]. 北京：新华出版社，2000.

[93] 王俊秀. 知本力 [M]. 北京：北京大学出版社，2004.

[94] 吴敬琏. 当代中国经济改革：战略与实施 [M]. 上海：远东出版社，
1999.

[95] 何传启，张凤. 知识创新：竞争新焦点 [M]. 北京：经济管理出版
社，2001.

[96] 刘祖云. 从传统到现代——当代中国社会转型研究 [M]. 武汉：湖北
人民出版社,2000.

[97] 王金福，辛望旦. 实践的唯物主义 [M]. 苏州：苏州大学出版社，
1996.

[98] 韩志伟，等. 社会创新研究 [M]. 北京：人民出版社,2004.

[99] 张凤，何传启. 国家创新系统 [M]. 北京：高等教育出版社，1999.

[100] 金吾伦. 创新理论新词典 [M]. 长春：吉林人民出版社，2001.

[101] 侯贵松. 创新 [C]. 北京：中国人民大学出版社，2004.

[102] 颜晓峰. 创新论 [M]. 北京：国防大学出版社，2004.

[103] 颜晓峰. 知识创新：实践的诠释 [M]. 北京：国防大学出版社，
2004.

[104] 韩志伟，等. 社会创新研究 [M]. 北京：人民出版社，2004.

[105] 董振华. 创新劳动论 [M]. 北京：中共中央党校出版社，2005.

[106] 刘昌明，赵传栋. 创新学教程[M]. 上海：复旦大学出版社，2006.

[107] 孙洪敏. 创新思维 [M]. 上海：上海科学技术文献出版社，2004.

[108] 霍福广，陈建新. 中美创新机制比较研究 [M]. 北京：人民出版
社，2004.

[109] 张仲梁，鲍克. 中国科学技术界概观 [M]. 北京：中国科学技术出
版社，1991.

[110] 李京文. 人类文明的原动力科技进步与经济发展 [M]. 西安：陕西
人民教育出版社，1997.

[111] 刘大椿. 科学哲学 [M]. 北京：人民出版社，1998.

[112] 乔瑞金. 马克思技术哲学纲要 [M]. 北京：人民出版社，2002.

[113] 钱乘旦. 第四次科技革命 [M]. 南京：江苏人民出版社，2003.

[114] 柳卸林. 技术创新经济学 [M]. 北京：中国经济出版社，1993.

[115] 冯鹏志. 技术创新社会行动系统论[M]. 北京：言实出版社，2000.

[116] 夏保华. 技术创新哲学研究 [M]. 北京：中国社会科学出版社，2004.

[117] 白玫. 技术创新与管理创新 [M]. 北京：中国经济出版社，2002.

[118] 袁庆明. 技术创新的制度结构分析 [M]. 北京：经济管理出版社，2003.

[119] 周其仁. 产权与制度变迁 [M]. 北京：北京大学出版社，2004.

[120] 漆侠. 中国改革史 [M]. 石家庄：河北教育出版社，1997.

[121] 赖泽源. 发展之路：制度创新[M]. 北京：经济管理出版社，2004.

[122] 辛鸣. 制度论：关于制度哲学的理论建构 [M]. 北京：人民出版社，2005.

[123] 林尚立，等. 制度创新与国家成长 [M]. 天津：天津人民出版社，2005.

[124] OECD. 以知识为基础的经济 [M]. 北京：机械工业出版社，1997.

[125] 美国信息研究所. 知识经济：21 世纪的信息本质 [M]. 南昌：江西教育出版社，1999.

[126] 胡铁成. 知识经济全书 [M]. 北京：中国物质出版社，1998.

[127] 陈志良，等. 知识爆炸：高科技与知识经济 [M]. 北京：科学普及出版社，1999.

[128] 陈劲. 创新全球化：企业技术创新国际化范式 [M]. 北京：经济科学出版社,2003.

[129] 陶学忠. 创新能力培育 [M]. 北京：海潮出版社,2002.

[130] 孙劫人. 创新人才 [M]. 杭州：浙江人民出版社,1999.

[131] 刘卫平. 创新思维 [M]. 杭州：浙江人民出版社 ,1999.

[132] 尚勇. 创新纵论 [M]. 北京：经济管理出版社 ,2003.

[133] 殷石龙. 创新学引论 [M]. 长沙：湖南人民出版社 ,2002.

[134] 吴江. 知识创新运行论 [M]. 北京：新华出版社 ,2000.

Ⅱ. 论文类

[135] 陈若松. 论创新能力的内在整合 [J]. 求索 :2003,5.

[136] 庞元正. 创新实践：马克思主义哲学研究的重大问题 [J]. 人民日报，2006-09-08（15）.

[137] 庞元正. 创新是我们党永葆生机和活力的源泉 [J]. 光明日报，2001-07-24（B3）.

[138] 庞元正. 创新理论与马克思主义哲学的新发展[J]. 求是，2003（5）.

[139] 易杰雄. 论创新 [J]. 浙江学刊，1998(5).

[140] 同满宏. 实践的创新和创新的实践 [J]. 探索（哲学社会科学版），1999（2）.

[141] 杨延浦. 论实践的方式：创造性实践与重复性实践 [J]. 中共天津市委党校学报，2000（1）.

[142] 杨春风. 论社会创新实践 [J]. 特区理论与实践，2003（12）.

[143] 杨文圣. 论创新的实践本质 [J]. 东岳论丛，2004（1）.

[144] 王文东. 创新本质上是一个实践范畴[J]. 天水行政学院学报，2004(2).

[145] 颜晓峰. 知识创新：实践的诠释 [J]. 哲学动态，2000（5）.

[146] 赵润琦. 论创造性实践 [J]. 江汉论坛，2000（12）.

[147] 宋联宏,李勇强. 潜在创造性与创造性实践 [J]. 遵义师范学院学报，2003（3）.

[148] 马万令. 创造性实践：理论创新的基础[J]. 光明日报，2003-12-16.

[149] 余建形,等. 微笑曲线和高技术产业发展[J]. 经济问题探索，2005（9）.

[150] 孙正聿. 怎样理解马克思的马克思哲学革命 [J]. 吉林大学社会科学学报，2005（5）.

[151] 吴学东，梁国钊. 论毛泽东的创新思想 [J]. 中国特色社会主义研究，2001（5）.

[152] 庞元正，董振华. 邓小平创新思想研究 [J]. 新视野，2002（4）.

[153] 庞元正. 三个创新理论的由来与发展[J]. 天津行政学院学报，2002（4）.

[154] 庞元正. 让理论创新成为引导社会进步的强大动力 [J]. 天津市委党校学报，2002（2）.

[155] 颜晓峰. 创新的实践检验与评价 [J]. 甘肃理论学刊，2000（4）.

[156] 高清海. 中华民族未来发展需要有自己的哲学理论 [J]. 吉林大学社会科学学报，2004（2）.

[157] 庞元正. 哲学应成为自己时代精神的精华 [J]. 人民日报，2005-11-06（7）.

[158] 庞元正. 马克思哲学与当今时代[J]. 中共中央党校学报，2005（1）.

[159] 陈力. 社会主义和谐社会与基本价值 [J]. 理论探讨，2005（6）.

[160] 陈先达. 哲学中的问题与问题中的哲学[J]. 中国社会科学，2006（2）.

[161] 高清海，孙利天. 马克思的哲学观变革及其当代意义 [J]. 天津社会科学，2001（5）.

[162] 候才. 马克思的哲学观 [J]. 南京社会科学，2003（2）.

[163] 许全兴. 马克思主义哲学的自我革命 [J]. 新视野，2004（1）.

[164] 韩庆祥. 当代中国马克思主义哲学创新的三种路径及其回应 [J]. 哲学动态，2004（7）.

Ⅲ. 外文类

[165] Freeman,C., etworks of innovators: A synthesis of research issue[J]. Research Policy, 1991.

[166] C. Freeman. A New National System of Innovation? In G. Dosi et al[M]. Technical Change and Economic Theory. London. Pinter Publisher, 1988.

[167] Pierre.Bourdieu. The Form of Capital, Handbook of Theory and Research for theSociology of Education[M]. New York: New York press, 1986.

[168] Malcolm Waters.Globalization[M]. London and New York:Routledge,1995.

[169] James. Lee, Witt & James. Morgan. Stronger in the Broken Places[M]. Times Books, Henry Holt and Company, NY, USA, 2002.

[170] Freeman C. The economics of industrial innovation[M]. The MIT Press, 1982.

[171] F. Machlup. The Production and Distribution of Knowledge in the United States[M]. New Jersey: Princeton University Press, 1962.

[172] D. M. Amidon. Innovation Strategy for the Knowledge Economy[M]. Butterworth–Heinemann, Boston, MA, USA, 1997.

[173] Drucker, P. F. Innovation and Entrepreneurship: Practice and Principles[M]. New York: Harper &Row, Publishers, 1985.

后　记

当今时代，创新大量涌现，推动社会向前迅猛发展，人类已经跨入创新时代。哲学是时代精神的精华，应该对当今时代的特征——创新，做出应有的研究。研究创新有很多切入点。我的博士导师庞元正教授提出，马克思主义哲学是以实践为基础的新哲学，应该抓住当今时代实践的新特征，以创新实践为基础，建构马克思主义哲学的当代形态。恩师还提出，实践有三大基本形式，生产实践、交往实践和科学实践，与此相对应，创新实践也有技术创新实践、制度创新实践和知识创新实践三种基本形式，创新实践推动了社会发展。在导师的指引和指导下，我写作了自己的博士学位论文。本书是本人博士学位论文的出版物。深深感谢恩师庞元正教授的指引、指导、教育！感谢博士阶段的同学、师兄弟师姐妹们的帮助！特别感谢知识产权出版社赵军编辑和其他对此书出版付出了辛勤劳动的编辑老师们！

本书主要阐述的观点有：技术创新实践是解决生产力发展中自身内在矛盾的根本手段，是生产实践的高级形式；制度创新实践是解决生产关系和上层建筑与生产力之间矛盾的根本方式，是社会交往实践的高级形式；知识创新包括自然科学知识的创新和社会科学知识的创新，是解决社会存在和社会意识之间矛盾的根本手段，是科学实践的高级形式。实践还有教育实践、艺术实践等非基本形式，同样，创新实践也有教育创新实践、艺术创新实践等非基本形式。

技术创新实践推动生产力进步，是社会基本矛盾进化的发动机。技术创新直接推动了生产力系统四类要素（独立的实体性因素：劳动者、劳动资料和劳动对象；运筹性的综合因素：经济管理、分工协作、预测决策；渗透性因素：自然科学；准备性因素：教育）的进化。技术创新通过新发现、新发明、新创造，实现了生产实践质上的飞跃，使生产力成为最活跃最革命的力量。

制度创新实践推动生产关系、上层建筑及其他社会关系的进化，也是推动社会基本矛盾进化的另一台发动机。制度创新在现代社会越来越成为社会交往发展的动力。因为在社会交往中形成的社会关系总是在变化的。这种改变必然促使制度的改变。制度总是建立在一定的现实基础上，由生产决定，并且因生产资料的不同性质而表现为不同的形式，是与一定阶段的生产力发展水平和交往实践的发展程度相一致的。社会交往实践（包括生产交往实践）的发展，内在地要求制度不断做出调整、变革与创新，在化解生产关系与生产力、上层建筑与经济基础的矛盾运动中，推动社会持续进步。

知识创新对自然界和社会发展的规律做出新的揭示和发现，为生产实践和交往实践的发展提供强大的思想武器。知识创新实践不仅推动了人类认识的发展，也通过理论的指导作用推动了实践的发展，并且，使人自身获得了全面的发展。现在知识创新成为创新最繁荣的场域，以至有人说人类已经进入知识社会、知识时代。知识创新是社会发展先导的驱动力。

其他创新实践，如教育创新实践、艺术创新实践等促进了社会相关层面的发展。并且，各种创新实践协同起来，全面推进了社会永恒发展。综合来说，有创新就有发展，没有创新就没有发展，创新实践是社会发展的本质动力。

创新时代的到来，需要促进创新的大量涌现，还要促进创新的运用，尽快地、最大限度地发挥创新实践的社会动力作用。在创新时代，实践唯物主义必然响应创新的时代脉搏，走向创新实践唯物主义。期待有更多的研究者、实践者投身创新实践唯物主义的研究和实践!